AI 의료 윤리

AI문고

인공지능 시대입니다. 기계가 인간의 인지를 대신하고, 사물이 인간을 통하지 않고 다른 사물과 직접 커뮤니케이션합니다. 이에 따른 인간 삶과 문명 변화를 정확히 이해·예측·대응하는 것은 이 시대 우리 모두의 과제입니다. AI문고는 인공지능 기술과 환경의 여러 주제를 10가지 키워드로 정리합니다. 관련 개념과 이론, 학계와 산업계의 쟁점, 우리 일상의 변화를 다룹니다. 인간과 기술의 현재, 미래를 세심히 분석합니다.

일러두기

- 인명, 작품명, 저서명, 개념어 등은 한글과 함께 괄호 안에 해당 국가의 원어를 병기했습니다.
- 외래어 표기는 현행 어문규정의 외래어표기법을 따랐습니다.

처음이세요?

전문가세요?

AI 의료 윤리

유주선

대한민국, 서울, 커뮤니케이션북스, 2026

AI 의료 윤리

지은이 유주선
펴낸이 박영률

초판 1쇄 펴낸날 2026년 1월 5일

커뮤니케이션북스(주)
출판 등록 2007년 8월 17일 제313-2007-000166호
02880 서울시 성북구 성북로 5-11
전화(02) 7474 001, 팩스(02) 736 5047
commbooks@commbooks.com
www.commbooks.com

ISBN 979-11-430-1312-5 03500

책값은 뒤표지에 표시되어 있습니다.

차례

원격 의료와 AI 의료

원격 의료의 기원

원격 의료는 의사와 환자가 떨어져 있는 장소에서 통신 수단을 사용해 행하는 의료 행위다. 원격 의료는 1877년 미국의 의사들이 약국과의 의사소통을 위해 전화 교환 장치를 만들어 사용한 것에서 기원을 찾을 수 있다.

미국은 1950년대부터 의료 낙후지역에서 전화를 통한 의료 행위가 허용되었고, 1960년대에는 미국 항공우주국(NASA)이 우주 탐사 대원을 위한 화상 진료 허용을 통해 기술적으로 큰 발전을 했으며, 이를 토대로 1970년대부터 원격 의료가 본격적으로 개발되기 시작했다.

1990년대에는 대면 진료와 원격 의료의 보험 적용에 대한 차별을 두지 않는 법제화가 이루어졌는데, 무엇보다도 미국이라는 지역이 방대한 국토 크기와 사막, 산악, 극지 등의 격지나 오지가 많아 군부대의 군인이나 교도소의 수형자 또는 재난 지역의 피난민 등이 원활한 의료 서비스를 받지 못하는 상황이 발생하자, 이들의 진료와 건강권을 위한 방편으로 원격 의료를 도입한 것이다. 이를 현대적 의미에서 원격 의료의 효시로 보고 있다.

한편, 2019년 12월 후베이성 우한에서 처음으로 확인된 폐렴성 질환인 코로나19(신종 코로나바이러스 감염증)의 세계적 확산은 2020년부터 본격적인 대유행으로 전개되었다. 중국에서 시작된 코로나19 사태는 인류에게 재앙으로 다가왔지만, 다른 한편으로 원격 의료의 제3차 빅뱅의 시기로 평가할 수 있다.

우리나라의 원격 의료는 1988년 서울대학교병원과 연천보건소 사이에서 행해진 원격 영상 진단에 대한 시범 사업으로 출발했다. 2003년에 이르러 자택이나 원격지에서 방사선과 의사들이 영상 자료를 판독하는 업무가 허용됨에 따라 원격 의료 사업이 본격화되었다.

미국의 원격 의료 사업 도입이 지리적 여건 등의 장애물을 극복하기 위한 것이라면, 우리나라는 공공의료 시범 사업과 의료 접근성을 개선하기 위해 도입한 것으로 볼 수 있다.

코로나시대와 원격 의료의 확대

코로나19의 국내 확산은 원격 의료의 허용에 대한 논의를 한층 촉발했다.

2020년 3월 5일 서울대학교병원은 경북 문경에 코로나19를 극복하기 위해 비대면 진료 행위인 원격 의료를 한시적으로 도입하고 운영했다.

서울대학교병원이 원격 의료를 도입한 이유로는 첫째, 만성 질환자와 고위험군 환자에 대한 보호다. 코로나19로 인해 병원 내에서 발생할 수 있는 감염을 줄이고, 환자와 의료진 모두를 보호하기 위해 원격 의료가 요구된 것이다.

둘째, 환자에 대한 의료 접근성 확보를 들 수 있다. 대면 진료가 어려운 상황에서 환자들의 진료에 대한 공백을 해소하고 의료진의 환자에 대한 의료 서비스를 확보하기 위한 차원으로 볼 수 있다.

셋째, 의료진의 부담 경감도 포함된다. 전공의 부족과 같은 이례적인 상황에서 원격 의료 도입으로, 의료진의 업무 부담을 줄이고 진료 행위의 효율성을 추구했다.

이같이 서울대학교병원은 급증한 대구 · 경북 지역의 코로나19 환자를 대상으로 외부 '의료영상 공유 플랫폼', '스마트 활력 징후 측정 장비', '환자 모니터링 시스템', '모바일 전자 문진 시스템', '재택 의료용 앱' 등 디지털 기기와 비대면 진료를 결합해 원격 의료 변혁을 이끌었다.

원격 의료 행위에서 AI 의료 행위로

AI 의료와 관련해 우리는 빅데이터와 알고리즘에 대한 이해가 필요하다. 빅데이터는 대규모 데이터세트(data set)를 축적하고 분석하는 것을 말하는데, '머신러닝'이나 '딥러닝' 역시 빅데이터와 밀접한 연관이 있다.

빅데이터의 처리를 위해 사용되는 분석 기법이 데이터 마이닝(data mining)이다. 데이터 마이닝은 통계, 기계 학습, 데이터베이스 기술을 활용하여 대규모 데이터 속에서 의미 있는 패턴, 관계, 규칙 등을 자동 또는 반자동으로 추출하는 과정으로, 새로운 지식이나 의사 결정 지원 정보를 제공한다.

AI는 데이터 마이닝을 포함한 더 넓은 개념으로 머신러닝이나 딥러닝 등 다양한 알고리즘(algorithm)을 통해 스스로 학습하고 판단하는 시스템이다. 어떤 기기가 주어진 정보를 근거로 사용자에게 특정한 해답이나 출력값을 제시하도록 하는 명령의 목록이 알고리즘이다. 알고리즘은 소프트웨어가 데이터를 처리해, 주어진 과업을 수행하거나 문제를 해결하기 위해 정의된 일련의 절차로, 문제 해결을 위한 논리(logic)와 문제 해결 전략인 통제(control)를 담고 있다. 이에 의해 자동화된 의사 결정(automated decision-making)도 이루어질 수 있으며, 이러한 알고리즘에 의한 자동화된 의사 결정은 거의 모든 AI 활용 분야의 기초로 작동된다.

불확실성과 다양한 위험에 직면하게 될 미래 사회에 대한 대응에서 데이터는 핵심 자원이며, 이러한 데이터의 패턴 분석 등을 통해 미래 정보 사회의 패러다임을 견인하는 AI 알고리즘의 역할은 그 무엇과도 비견할 수 없을 정도로 중요한 역할을 한다.

현재 빅데이터 알고리즘을 활용하는 AI 의료는 환자의 나이, 신장, 병력뿐만 아니라 개인 유전자를 포함한 가계 질환 등의 정보로 진단과 치료 방법을 제시하고 있다. AI 의료 행위는 시간이 지날수록 기술의 발전과 함께 의료 분야에서 그 중요성과 영향력이 확대될 것이다.

이 책의 구성

이 책은 기술의 발전과 함께 우리와 마주하고 있는 AI 의료 행위에 대한 내용을 다루고 있다.

1장은 의료 행위의 대면 원칙과 예외를 설명하고 있다. 의료법상 의료 행위는 대면 진료를 원칙으로 하고 있고, 동시에 대면 진료의 예외적인 사항 역시 규정하고 있다. 하지만 원칙에 대한 예외사항은 협소해 그 의미가 없는 것으로 평가받는다.

2장에서는 의료 행위만의 특수성과 책임을 다루고 있다. 특히 책임 문제가 중요한 의미를 갖게 되는데, 민사 책임과 형사 책임으로 구분해 대법원 판례의 입장을 고려하면서 기술한다.

3장은 AI 의료 행위의 개념과 기능을 설명하고 있다. AI 의료 행위가 출현하게 된 배경과 빅데이터 알고리즘의 기능 등을 밝히고자 했다. AI 의료 행위가 주는 다양한 영역에서의 긍정적 기능을 상세히 설명한다.

4장은 AI 의료 행위의 필요성을 설명한다. 다만, 원격의료의 찬반론을 기반으로 하여 AI 의료 행위의 정당성을 제시해 보고자 한다.

5장은 AI 의료가 가져오는 법제 패러다임의 변화를 살펴보았다. 의사 또는 의료기관 중심에서 환자 중심으로 패러다임이 변화하면서, AI가 의료 행위에서 어떠한 역할을 담당하고 있는가를 다뤘다.

6장과 7장은 AI 의료 행위에 따른 책임 문제를 상세히 살펴보았다. 전자가 약한 AI 의료 행위에 따른 책임 문제를 다루고 있다면, 후자는 강한 AI 의료 행위에 관한 문제를 다룬다. 양자 모두 실정법에서 해결할 수 있는가를 살펴보고, 그 한계도 제시했다.

8장은 AI 의료 행위가 개인정보를 통해 이루어지고 있다는 점에서, 환자의 개인정보를 어떻게 보호해야 하는지를 살펴보고, 다른 측면에서 환자들의 정보를 통해 긍정적인 활용이 이루어지기 위한 고민을 고려했다.

9장은 의료 데이터 활용과 관련된 문제를 다루면서, 정부 당국의 의료 데이터 활용에 대한 한계와 문제점을 제시했다.

10장은 AI 알고리즘이 지니고 있는 부작용과 윤리 문제를 다뤄 보았다.

AI는 우리 시대에 없어서는 안 되는 존재다. 우리와 함께 동반하는 존재로 인식돼야 한다. 오늘날 스마트폰이 없는 세상은 생각할 수 없다. AI는 언젠가부터 우리에게 다가와 동반하고 있으며, 함께하는 시간은 더욱 더 길어질 것으로 예상된다. 앞으로 AI 의료 행위는 다양하게 우리 앞에 등장해 경이로움을 선사하게 될 것이다. 하지만 AI가 줄 부작용 역시 간과할 수 없다.

AI 의료 행위에 대한 실정법의 한계를 이해하고 새로운 법제 도입을 논의해야 할 것이고, AI 윤리와 규범을 합의해 질서 있는 AI의 발전을 도모해야 할 것이다. 이 책은 이러한 AI 의료 행위에서 발생하는 책임과 윤리 문제 이해에 도움이 될 것이다.

참고문헌

류화신(2005). “원격 의료에서 의사의 책임원리”. 《비교사법》, 12(1), 561~580쪽.

백경희 · 장연화(2017). “인공지능을 이용한 의료 행위와 민사 책임에 관한 고찰”. 《법조》, 66(4), 90~121쪽.

유주선(2022). “인공지능 알고리즘을 통한 보건의료 데이터 활용 관련 법제도적 개선방안”. 《금융법연구》, 19(2). 39~68쪽.

최연석(2020). “원격 의료의 도입에 관한 연구: 코로나 바이러스 감염증 19 전염병과 원격 의료 도입의 필요성”. 《국제법무》, 12(1), 113~137쪽.

01
의료 행위 대면의 원칙과 예외

원격 의료는 원격 의료 장비로 수집한 각종 음성 파일 · 동영상 · 전자 파일 자료를 화상 통신 · 스마트 기기 · 컴퓨터 등 정보 통신 기술을 이용해 원격지의 의사에게 전달, 의사가 직접 대면하지 않더라도 환자를 진료하는 등 의료 행위를 하는 것으로 비대면성과 원격 기술 의존성을 특징으로 한다.

기후 위기와 인공지능?

의료 행위 대면의 원칙

의료 행위는 의사와 환자가 만난 상태에서 행하는 대면 진료가 원칙이다. 대면 진료의 원칙이라 함은 의료인이 환자를 직접 진찰하고 진료하는 것을 기본으로 하되, 이러한 대면 진료는 모든 의료 행위에 적용하는 것을 뜻한다. 이는 환자에 대한 안전성과 의료 행위 전문성을 담보하기 위한 핵심적인 사항에 해당한다.

대면 원칙에 따라, 환자를 대면한 의사는 환자의 증상 등을 묻는 문진으로 시작해 환자의 신체 상태를 파악한다. 시진 · 청진 · 촉진 · 타진 등으로 의사는 환자를 마주보고 진료를 하는 것이 일반적이다.

우리나라 「의료법」은 이 부분을 잘 반영하고 있는데, 의료법 제17조 제1항은 환자를 직접 진찰한 의사가 진단서 등을 교부하도록 규정하고, 동 법 제33조 제1항에서는 의사는 개설한 의료기관 내에서만 의료 행위를 하도록 장소적 제한을 두고 있다.

하지만 대면 진료에 대한 예외적인 사항도 있다. 의료 접근성이 떨어지는 지역 거주자, 만성 질환자, 장애인, 감염병 환자, 야간이나 휴일 소아 환자 등은 예외적으로 전화나 화상 등 비대면 진료가 허용된다. 그렇더라도 예외는 대면 진료의 보조적 수단으로만 작용한다. 의료법

제34조는 대면 진료를 원칙으로 하되 예외적으로 원격 의료를 인정하고 있음을 명확히 밝히고 있다.

이렇게 본다면, 우리나라 의료법은 직접 진찰을 통한 환자의 안전성 확보를 위해 대면 원칙을 기본으로 하되 예외적 상황에서 비대면 진료를 허용하고 있음을 알 수 있고, 이러한 법률 체계는 무엇보다도 환자의 안전과 의료의 질을 유지하기 위한 정책이라 할 수 있다.

WHO의 원격 의료 정의

세계보건기구(WHO, World Health Organization)는 원격 의료를 "원거리를 주요소로 정보 통신 기술을 활용해, ① 보건의료관계 종사자가 환자의 질병 및 부상에 대한 진단과 치료, 예방과 연구 및 평가, 지속적 정보 교환을 하는 것, ② 보건의료관계 종사자에 대해 지속적 교육을 시행하는 것, ③ 개인 및 지역 사회의 건강 증진을 위한 건강관리 서비스를 시행하는 것"이라고 정의하고 있다.

원격 의료는 유비쿼터스 헬스(ubiquitous health)나 비대면 의료, 디지털 헬스케어 등으로 칭하기도 한다.

원격 의료의 특징

원격 의료는 의사와 환자가 물리적으로 멀리 떨어져 있

어 대면 진료가 여의치 않은 경우에, 통신 수단을 활용하여 진료, 상담, 모니터링 등을 제공하는 의료 서비스다.

환자는 원격 의료 장비로 수집한 각종 음성 파일, 동영상, 전자 파일 자료를 화상 통신 · 스마트 기기 · 컴퓨터 등을 통해 원거리에 있는 의사에게 전달하고, 의사는 환자를 직접 대면하지 않더라도 직접 환자를 진료하는 것과 같은 의료 행위를 한다.

원격 진료가 대면 진료와 다른 특징은 의료 접근의 어려움을 해소해 준다는 점이다. 도시 외곽 지역이나 섬 등 의료에 취약한 지역에 거주하는 환자들의 이동 시간과 이동에 소요되는 교통비용을 감소시켜 준다. 더 나아가 의사는 만성 질환을 앓고 있는 환자들의 혈압이나 혈당 등 건강 데이터를 원격으로 측정하고 분석하여, 주기적이고 계속적인 환자 관리를 할 수 있다. 하지만 원격 진료를 허용하더라도 일부 진료는 제한될 수 있으며, 원격 의료로 인한 의료 정보의 유출로 인한 개인정보 침해 가능성과 정보 통신 기술상 오류 진단 발생 가능성 등의 부작용은 원격 의료의 한계점으로 작용할 수 있다.

원격 의료 유형

원격 의료는 다양한 유형으로 분류될 수 있다. 병원 내

통신망인 의료영상전송시스템(PACS: Picture Archiving and Communication System)을 이용해 환자의 의료 영상을 촬영한 의사가 다른 의사에게 진단 자문을 구하는 '원격 진단', 의사들이 화상 회의를 진행해 환자의 치료 방법을 교류하는 '원격 자문', 무선 통신이나 스마트폰 또는 모바일 기기를 이용한 영상 데이터 전송을 이용해 치료 지침을 제공하는 '원격 진료', 환자 모니터링 시스템 등의 원격 의료 시스템을 활용해 환자가 집에서 진료를 받는 '재택 진료', 의료인 또는 환자에 대한 '원격 의료 교육', 인터넷을 활용한 '의료 상담' 및 '사이버 병원' 등이 있다. 모두 원격 기술을 이용한 비대면 의료 행위다.

원격 의료의 유형 중에는 환자의 질병을 직접적으로 진료하고 치료하는 의료 영역도 있지만 건강 증진 목적의 모니터링이나 원격 교육과 같은 비(非)의료 성격이 강한 건강관리 서비스도 존재한다. 이 때문에 최근에는 임상에서 이루어지는 원격지 의료(遠隔地 醫療)와 비(非)임상의 원격 건강관리 서비스(Telehealth)로 용어를 구분하기도 한다.

의료법상 원격 의료

현행 「의료법」 제34조는 '원격 의료'라는 제목을 사용해,

제1항에서 "의료인-의료업에 종사하는 의사 · 치과의사 · 한의사만 해당하며 이들을 '원격지 의사'라고 칭한다-은 제33조 제1항에도 불구하고 컴퓨터 · 화상 통신 등 정보 통신 기술을 활용해 먼 곳에 있는 의료인-현지 의사를 비롯해 간호사, 조무사 포함-에게 의료 지식이나 기술을 지원하는 원격 의료를 할 수 있다"고 규정하고 있다(동조 제1항). 즉 원격 의료의 허용을 동법 제34조 제1항에서 엿볼 수 있다.

제2항은 원격 의료를 행하거나 받으려는 자는 보건복지부령에 정하는 시설과 장비를 갖추도록 하고 있고, 제3항은 원격지 의사로 하여금 직접 대면으로 진료하는 것과 같은 책임을 부담하도록 하고 있다.

제4항은 원격지 의사의 원격 의료에 따라 의료 행위를 한 의료인이 의사 · 치과의사 또는 한의사(이하 '현지 의사')인 경우에는 그 의료 행위에 대해 원격지 의사의 과실을 인정할 만한 명백한 근거가 없으면 환자에 대한 책임은 제3항에도 불구하고 현지 의사에게 있는 것으로 본다.

감염병 예방법상 원격 진료

「감염병의 예방 및 관리에 관한 법률(이하 감염병예방법)」에서는 코로나19 감염병 위기 시기인 2020년 12월

15일 개정을 통해 '의료인, 환자 및 의료기관 보호를 위한 한시적 비대면 진료'를 제49조의3에 신설했다. 이에 의하면 "의료업에 종사하는 의료인(의사 · 치과의사 · 한의사만 해당. 이하 이 조에서 같다)은 감염병과 관련해 「재난 및 안전관리 기본법」 제38조 제2항에 따른 심각 단계 이상의 위기 경보가 발령된 때에는 환자, 의료인 및 의료기관 등을 감염의 위험에서 보호하기 위해 필요하다고 인정하는 경우 의료법 제33조 제1항에도 불구하고 보건복지부장관이 정하는 범위에서 유선 · 무선 · 화상 통신, 컴퓨터 등 정보 통신 기술을 활용해 의료기관 외부에 있는 환자에게 건강 또는 질병의 지속적 관찰, 진단, 상담 및 처방을 할 수 있다"고 하면서(동조 제1항), 한시적 비대면 진료의 지역이나 기간 등 범위는 보건복지부장관이 정하도록 하고 있다(동조 제2항). 동조의 '비대면 진료'는 원격 의료의 유형 중 원격 진료에 해당한다.

참고문헌

백경희(2024). "의료영역에서 인공지능기술의 활용에 관한 법제적 고찰: 원격 의료 및 재택의료 활성화를 중심으로". 《법학논문집》, 48(1), 89~114쪽.

엄주희 · 김소윤(2020). "인공지능 의료와 법제".

《한국의료법학회지》, 28(2), 53~77쪽.
최연석(2020). "원격 의료의 도입에 관한 연구: 코로나 바이러스 감염증 19 전염병과 원격 의료 도입의 필요성". 《국제법무》, 12(1), 113~137쪽.

02
의료 행위의 특수성과 책임 구조

의료 기술과 의학의 발달로 의료인의 의료 행위는 국민의 질병 예방, 건강 증진은 물론 인간의 수명 연장에까지 공헌하여 왔다. 그러나 의료 행위의 객체가 되는 인체는 사람마다 외관, 성격, 체력, 체격, 체질, 면역력, 약물에 대한 반응 차이 등으로 의료 행위의 결과는 예측하기 어려운 면이 있다. 이와 같은 특성으로 의료 행위는 의학이나 의료 기술에 관해 전문적 지식을 체득해 국가로부터 면허를 부여받은 의료인에게만 허용된다.

의료인의 의료 행위는 전문성과 경험에 근거하여 폭넓은 재량이 부여되지만 행위에 대한 책임 문제에서 완전히 벗어날 수는 없다.

노래하는 AI 보컬?

의료 행위의 위험성과 의료진의 전문성

의료인이 행하는 의료 행위의 객체가 되는 인체는 개별적인 사람마다 외관, 성격, 체력, 체격, 체질, 면역력, 약물에 대한 반응이 차이가 발생할 수 있다. 이러한 현상은 의료인으로 하여금 의료 기술을 환자에게 적용함에 있어 예측할 수 없는 위험성, 예측 곤란한 상황을 타개하게 위한 의료 행위의 긴급성을 동반하게 된다.

의료인의 의료 행위에 대한 이러한 특성에 따라 의료 행위는 의학이나 의료 기술에 관해 전문적 지식을 체득해 국가로부터 면허를 부여받은 전문가인 의료인에게만 허용된다. 또한 의료 행위를 통한 의료인의 전문적인 지식과 경험을 존중하고, 환자에 맞는 적절한 조치를 위한 의료인의 폭넓은 재량성을 부여하게 된다.

의료 행위의 주요 특수성

여타의 행위와 달리 의료 행위는 다음과 같은 특수성이 인정된다.

첫째, 의료 행위는 환자의 질환에 대한 치료 행위를 통하여 인간의 생명을 구한다는 측면에서 구명성(救命性)이라는 특징을 갖는다. 의료인은 진료, 검사, 투약, 주사, 수술 등 다양한 화학적, 물리적, 정신적인 치료 방법을 활용하여 질병이나 상해를 치료하고 환자의 증상을 경감하기 위한 일련의 조치를 하게 된다. 이와 같이 의료인은 자신의 경험과 의료 시설의 상황, 다양한 질환과 병력을 동반한 환자의 개별적인 특성을 배려하여 환자를 구명하는 행위를 하게 된다.

둘째, 의료인은 불완전한 인간의 신체에 대하여 완전성 확보를 위한 목적으로 인간의 생명과 신체에 수술이나 주사, 투약 등의 행위를 하는 침습성(侵襲性)의 특징을 가지고 있다.

구명성과 침습성 외에도 의료 행위가 지니는 특수성으로 미공개성과 재량성을 들 수 있다.

의료진의 의료 행위는 단지 간단한 처리라든가 주사 행위 등을 제외하고는 환자나 보호자에게 공개되지 않는다. 전신 마취를 통한 수술을 하는 경우, 의사와 간호사 외에 누구도 수술실에 들어갈 수 없다. 어떠한 방식에 의하여 수술이 이루어졌는지 알 수가 없다. 오직 의료진만이 알 뿐이고 다른 사람은 알 수 없다는 점에서 의료 행위는 미공개성을 갖는다.

의료 행위에서 미공개성 외에 재량성 또한 의료 행위가 지닌 특수성에 해당한다. 환자를 직면하게 되면 의사는 고도의 자유로운 판단에 기반한 의학적 결단에 따라 치료의 효과를 극대화하고자 한다. 환자의 병적 상태는 매우 다양하고, 그 치료 효과는 불확실할 수 있다. 이러한 측면에서 의사의 치료 행위는 해당 환자에 대한 치료의 효과를 극대화하기 위해 치료 행위의 재량성을 인정할 필요가 있다.

의료 행위와 의사의 주의 의무

의료 사고에서 의사에게 민사상의 손해배상 책임을 지우기 위해서는, 의료인의 의료 행위에 업무상 주의 의무 위반과 그 의료 과실과 환자에게 발생한 손해 사이에 인과관계가 존재해야 한다.

즉 의료 행위에 의사가 통상적으로 갖춰야 할 주의 의무를 고의 · 과실로 지키지 않은 의료 과실로, 환자의 생명 · 신체 · 건강을 침해하는 위법성이 존재해야 한다.

의사의 주의 의무 위반과 관련된 책임 문제는 민사적 책임과 형사적 책임으로 구분할 수 있다.

민사상 책임

의료 행위의 특수성에서 알 수 있듯이 의료인의 의료 행위는 환자의 생명과 건강을 관리하는 행위이기 때문에 일반적인 불법 행위보다는 전문가로서 한층 더 높은 주의 의무 또는 최선의 주의 의무가 요구된다.

의료인의 법적 주의 의무는 선량한 관리자의 주의로서 진료 당시의 일반 의학적 지식 정도의 능력을 갖춘 통상적 의료인의 위법한 결과 발생의 사실적 가능성에 대한 합리적 예견 가능성을 전제로 하는 결과 예견 의무와 그 결과 발생을 저지함에 적절한 조치를 강구할 결과 회피 의무라는 두 가지 의무가 있다.

대법원은 "의사가 진찰 · 치료 등의 의료 행위를 함에 있어서는 사람의 생명 · 신체 · 건강을 관리하는 업무의 성질에 비춰 환자의 구체적인 증상이나 상황에 따라 위험을 방지하기 위해 요구되는 최선의 조치를 취해야 할 주의 의무가 있다. 또한 환자에 대한 수술은 물론, 치료를 위한 약품의 투여도 신체에 대한 침습을 포함하는 것인 이상 마찬가지 주의 의무가 요구된다 할 것이며, 이와 같은 의료상의 주의 의무는 의료 행위를 할 당시 의료기관 등 임상의학 분야에서 실천되고 있는 의료 행위의 수준을 기준으로 삼되, 그 의료 수준은 통상의 의사에게 의료 행위 당시 일반적으로 알려져 있고 또 시인되고 있는 이른바 의학 상식을 뜻하므로 진료 환경 및 조건, 의료 행위의 특수성 등을 고려하여 규범적인 수준으로 파악되어야 한다"(대법원 2005.4.29. 선고 2004다64067

판결)고, 의사가 의료 행위를 함에 있어 취해야 할 주의 의무의 정도 및 판단 기준인 의료 수준의 의미를 설시한 바 있다.

예를 들면, 환자가 흉부 엑스레이 검사 도중 갑자기 낙상하는 사고가 발생했고, 이후 입원을 기다리는 도중 양쪽 팔다리에서 경련 증상이 나타났으나, 의사는 망인에게 항경련제만 투여했고 다음날 뇌 CT 검사 후 뇌출혈 사실을 발견하고 혈종 제거술을 했지만 사망한 사건이 있었다. 이 사건에서 피고 병원 의사들의 주의 의무를 게을리 하지 않았다고 보고 피고 병원의 손해배상책임을 인정하지 않은 원심법원(항소심)에 대해, 대법원은 "피고 병원 의료진으로서는 망인이 낙상 사고로 뇌출혈이 발생할 가능성을 예상하여 적절한 조치를 하고, 환자의 담당 의사가 바뀌는 경우 이러한 사실을 잘 전달하여 망인에 대한 지속적인 관찰이 필요하였으나 이러한 주의 의무를 다하지 않았을 가능성이 있다(대법원 2022.3.17. 선고 2018다263434 판결)"고 판단한 바 있다.

의사의 주의 의무 위반은 손해배상책임의 부담으로부터 벗어날 수 없는 것이다.

형사상 책임

의료 과실에 따른 민사 책임과는 별도로 형법의 규정을 위반한 경우 형사 처벌을 받게 된다. 즉 허위 진단서 등의 작성(형법 제233조), 위조 사문서 등의 행사(형법 제234조), 의사 등의 낙태, 부동의 낙태(형법 제270조), 업무상 비밀 누설(형법 제317조 제1항), 환자나 보험단체 등에 허위로 진료비를 청구한 경우에 적용되는 사기죄(형법 제347조) 등의 벌칙 규정이 있다.

한편, 형법 제268조에 따라 업무상 과실, 중과실치사상죄를 인정한 흥미로운 대법원 판례가 있다. '의사들의 주의 의무 위반과 처방 체계상의 문제점으로 수술 후 회복 과정에 있는 환자에게 인공 호흡 준비를 갖추지 않은 상태에서는 사용할 수 없는 약제가 잘못 처방되고, 종합병원의 간호사로서 환자에 대한 투약 과정 및 그 이후의 경과 관찰 등의 직무 수행을 위해 처방 약제의 기본적인 약효나 부작용 및 주사 투약에 따르는 주의사항 등을 미리 확인·숙지했다면 과실로 처방된 것임을 알 수 있었음에도 그대로 주사해 환자가 의식 불명 상태에 이르게 된 사안'에서, 대법원은 "피고인이 위 베큐로니움의 약효 등을 확인하지 않음으로 인해 그 투약의 위험성을 인식하지 못함으로써 처방 내용을 재확인할 기회를 놓친 채

그대로 이를 주사 투약한 점에서 위 주의 의무를 위반한 과실이 인정된다 하겠고, 이를 투약함으로써 그 약효 내지 부작용으로 인하여 피해자에게 상해가 발생한 이상 그와 같은 결과는 피고인의 주의 의무 위반과 상당 인과 관계가 있다고 할 것이며, 피해자의 상해 발생에 피고인 외에도 다른 사람들의 과실이 주로 작용하였다는 사정이 있다 하여 피고인의 책임을 면제할 사유가 된다고 할 수는 없다"고 하면서, 간호사에게 업무상 과실치상의 형사 책임을 인정한 바 있다(대법원 2009.12.24. 선고 2005도8980 판결).

참고문헌

백경희(2024). "의료영역에서 인공지능기술의 활용에 관한 법제적 고찰: 원격 의료 및 재택의료 활성화를 중심으로". 《법학논문집》, 48(1), 89~114쪽.

백경희 · 장연화(2017). "인공지능을 이용한 의료 행위와 민사 책임에 관한 고찰". 《법조》, 66(4), 90~121쪽.

정영훈(2017). "보건의료분야의 인공지능과 소비자이슈". 《소비자정책동향》, 78. 1~24쪽.

채순(2006), "의료행위의 특수성과 의료과오의 책임영역 -의료과오책임의 주체를 중심으로", 《비교법연구》, 7, 57~96쪽.

최호진(2007). "분업적 의료 행위에 따른 형사 책임의 분배". 《형사법연구》, 19(1). 1~20쪽.

03
AI 의료 행위의 개념과 기능

AI는 의료 영상 분석, 유전 정보 해석 등에서 인간을 뛰어넘는 패턴 인식 능력을 발휘할 수 있다. 이를 통해 초기 암 진단, 희귀 질환 탐색 등에서 높은 정확성을 보인다. 또한 환자 개인의 유전 정보, 생활 습관, 병력 등을 종합적으로 분석해 가장 적합한 치료 방법을 제안할 수 있다. 이는 효율적이고 개인화한 치료를 가능하게 한다.

인공지능과 편향?

AI 의료의 출현

AI 의료 행위라 함은 AI 기술을 활용해 질병의 진단, 치료 계획 수립, 환자 모니터링, 예방 의학 등의 의료 서비스를 제공하는 행위를 의미한다. 이는 컴퓨터 알고리즘과 머신러닝 기법을 통해 대규모 의료 데이터에서 패턴을 학습하고, 이를 기반으로 환자의 건강 상태를 평가하거나 최적의 치료 방안을 제안하는 과정을 포함한다.

AI는 의료 영상 분석, 유전 정보 해석 등에서 인간을 뛰어넘는 패턴 인식 능력을 발휘할 수 있다. 이를 통해 초기 암 진단, 희귀 질환 탐색 등에서 높은 정확성을 보인다. 또한 환자 개인의 유전 정보, 생활 습관, 병력 등을 종합적으로 분석해 가장 적합한 치료 방법을 제안할 수 있다. 이는 효율적이고 개인화된 치료를 가능하게 한다.

AI는 방대한 양의 의료 데이터를 분석해 새로운 치료법이나 약물 후보를 신속하게 발굴할 수 있다. 이는 특히 질병 메커니즘 이해나 신약 개발 과정에서 혁신적인 발전을 가져올 수 있다.

원시 데이터 학습을 통한 신속 발견

2021년 모 기업은 기존 심전도 파형에서 의사 눈에는 보이지 않는 '데이터의 미세한 흔적'을 잡아내는 AI를 개발

하였다. 이 AI는 2000만 개가 넘는 심전도 데이터와 파형을 AI에 학습시켜 전에 판독할 수 없었던 심부전, 심근경색 등을 신속하게 찾아낼 수 있다. 심장 초음파 같은 추가 진료가 필요한 상황인지 판단하는 정확도는 매우 높은 것으로 평가받고 있다.

모 기업이 개발한 AI 기반 뇌출혈, 뇌경색을 분석하는 의료 AI는 영상 의학과 의료진이 CT를 분석하는 것보다 실시간 신속하게 분석하고 판독하여 환자의 수술을 지원한다. 또한 CT 촬영 결과에는 이상이 없는 것으로 나타날 수 있지만, AI 기반 뇌출혈 진단 보조 소프트웨어는 뇌경망에 미세한 출혈 등 이상 증상이 있음을 알려줄 수 있다. 즉, 뇌 CT를 찍어도 소량의 출혈을 알기 어려운 경우 AI는 이러한 증상을 알려주어 뇌출혈을 치료할 수 있게 된다.

이와 같이 AI는 임상 시험 대상자 선정, 효과 분석 등에서 정밀하고 신속한 예측을 제공해 임상 시험의 효율성과 성공률을 높일 수 있다. 이러한 긍정적 측면들은 의료 분야의 AI 적용이 가져올 수 있는 놀라운 혜택들을 보여 준다. 그러나 이러한 이점을 최대화하려면 AI 시스템의 정확성, 안정성, 윤리적 사용을 보장하기 위한 충분한 규제와 지침이 마련되어야 한다.

최적의 치료 방법 제시

AI는 의료적 조언과 진단을 소비자에게 제공하는 데 사용되고 있다. AI로 임상 데이터, 연구 간행물 및 전문 지침을 분석하면 치료에 대한 결정을 내리는 데 도움이 된다. 특히 일반적인 치료 방법을 권고할 뿐만 아니라 환자 개인의 의료 및 건강 정보 데이터를 분석해 보유된 치료 데이터를 활용해 가능한 치료 방법을 권고하며, 환자 또는 의사가 선택할 치료 방법에 대한 우선순위, 부작용 발생 가능성, 의약품 활용 시 주의사항 등을 알려준다.

의사들은 자료 찾는 시간을 줄여 환자에게 집중할 수 있고, 환자들에게 의학적 근거에 입각한 표준화한 치료와 환자 개인별 맞춤 치료 제공에 도움을 받게 된다.

정확한 질병의 예측

AI는 목소리나 사진 또는 영상을 이용해 사람들의 다양한 개인적 특성을 식별해 환자들의 질병을 예측할 수 있다. 예를 들면, 구글 메디컬브레인연구팀은 전자건강기록정보를 이용해 병원 내 사망률을 포함한 다양한 건강 결과를 정확하게 예측한 바 있다.

딥러닝(Deep Learning)은 컴퓨터가 스스로 수많은 정보를 분류하고 학습하는 기술이다. 딥러닝의 핵심은

인간이 할 수 없는 방대한 정보를 처리해 미래를 '예측'하는 것에 있다. 의료계에서는 질병을 더 정확히 진단하고 치료하고자 딥러닝 기술을 활용한다. 분당서울대병원은 딥러닝 모델을 활용한 신장암 CT 영상 분석으로, 병변 발견 및 영상진단을 비롯해 신장암의 조직학적 분류 예측에 활용한 바 있다.

고려대안산병원은 턱뼈 전체를 촬영하는 치과 엑스레이 영상에 골밀도검사결과인 T-Score를 대입해 훈련한 딥러닝 모델이 골다공증환자 선별 예측에 유용하다는 점을 밝힌 바 있다. 이와 같이 AI 기술은 환자에 대한 질병 예측비용을 감소할 수 있다.

사전적 예방 기능

AI는 영상 분석에 소요되는 비용과 시간을 줄여 대상 치료를 위한 영상과 진단 자료를 보다 더 정확히 분석 · 진단할 수 있다. 최근 AI가 영상 자료 판독으로 질환을 발견하고 있을 뿐만 아니라, 폐렴, 유방암, 피부암 및 안과 질환과 같은 질병 상태 파악에 정확도가 높은 것으로 평가 받는다. 예를 들어, 의료 영상 분석 장치 '뷰노메드본에이지(VUNOmed-BoneAge)'는 AI로 엑스레이 영상을 분석해 환자의 뼈 나이를 제시하는 소프트웨어다. 의사는 제시된 정보로 성조숙증이나 저성장을 진단한다.

AI는 실시간 데이터에서 신호를 추출해 건강 문제가 악화될 가능성을 예측해 환자에게 경고할 수 있다. 예를 들어, 혈압이나 산소포화도 등 환자의 생체 정보를 분석해 측정 정보가 정상 범위를 벗어나면 알람을 제공하고 환자의 질병을 예방할 수 있는 기능을 제공한다.

물리적 수술 지원 기능

수술자가 원격으로 조종하는 수술 로봇은 초기에 개발된 것으로 로봇을 환자에게 장착하고 수술자가 원격으로 조종해 시행하는 복강경, 내시경의 수술 방법을 말한다. 1992년 정형외과 수술용 로봇인 로보독(RoboDoc)이 개발되었고, 1994년에는 복강경 수술의 보조 로봇인 이솝(Aesop), 1998년에는 의사가 원격으로 조작하고 물리적 수술은 로봇이 하는 제우스(Zeus) 시스템이 개발되었다.

이러한 로봇을 사용하는 수술은 기존의 피부 절개를 통한 수술과는 달리 피부 절개를 최소화해 흉터와 후유증을 감소시키고 손떨림이 없어 미세하고 정교한 수술이 가능하다. 다빈치(da Vinci) 수술 시스템을 이용한 로봇 수술은 2000년에 미국 FDA에서 승인되었다. 각종 수술 장비와 카메라를 갖춘 로봇 팔로 이행된다. 기존의 복강경 수술과 같이 환부에 여러 개의 구멍을 뚫은 뒤 3차원의 높은 해상도를 기반으로 확대한 이미지로 수술시야를 확보할 수 있는 수술용 카메라와 로봇 팔을 삽입한 후 의사가 콘솔에서 원격 조종해 수술을 진행한다. 다빈치 로봇 수술기는 최소 절개로 복잡한 수술을 원활히 수행할 수 있도록 설계된 정교한 수술 플랫폼으로, 최근 로봇 팔이 4개로 많아지고 길이도 길고 얇아져 더 정밀한 수술에 도움이 되고 있다.

신약 개발 지원

AI는 신약 개발 영역에서도 괄목할만한 성적을 제공하고 있다. AI로 단백질 구조를 예측하고 신약 후보 물질을 찾아낸다거나 AI 플랫폼을 통하여 신약 후보 물질을 신속하게 발굴하기도 하며, 수개월 걸리던 항체 검증 기간을 AI로 2주로 단축한 사례 등은 AI가 신약 개발 및 임상 시험에서 혁신을 불러일으키고 있음을 알 수 있다.

AI 신약 개발과 관련하여 규제 방안 역시 간과할 수 없다. 미국이나 유럽 등 여러 국가에서 AI가 후보 물질 발굴뿐만 아니라 임상 시험 설계와 대상자 선별, 데이터 분석에 이르는 신약 개발 전 과정에 관여하며 효율성을 증진하고 있지만, 이에 상응하여 신약에 대한 승인을 비롯한 규제를 어떻게 해야 할 것인가에 대한 과제가 숙제로 남아 있다.

참고문헌

배현아(2017). “보건의료법제 하에서 인공지능기술의 의료영역 도이의 의의와 법적 문제”. 《법조》, 66(4), 43~89쪽.

백경희(2024). “의료영역에서 인공지능기술의 활용에 관한 법제적 고찰: 원격 의료 및 재택의료 활성화를 중심으로”. 《법학논문집》, 48(1), 89~114쪽.

백경희 · 장연화(2017). “인공지능을 이용한 의료 행위와 민사 책임에 관한 고찰”. 《법조》, 66(4), 90~121쪽.

유주선(2022). “인공지능 알고리즘을 통한 보건의료 데이터 활용 관련 법제도적 개선방안: 보험상품의 개발 측면에서”. 《금융법연구》, 19(2), 39~68쪽.

이인영(2019). “보건의료에서의 인공지능 적용과 관련된 법적 과제에 대한 개관”. 《한국의료법학회지》, 27(2), 35~71쪽.

04
AI 의료 행위의 필요성

AI를 활용한 원격 진료 시스템은 의료 자원이 부족한 지역에도 고품질의 의료 서비스를 제공할 수 있다. 또한 환자의 건강 상태를 실시간으로 모니터링하며, 필요 시 적절한 조치를 취할 수 있다. 그리고 기계 학습 기반의 시스템은 반복적이고 단순한 업무를 자동화해 의료진의 업무 부담을 줄일 수 있다. 이를 통해 의료 인력은 더 전문적이고 중요한 의료 활동에 집중할 수 있다.

청각장애인과 AI?

출발점으로서 원격 의료 확대 가능성

의료 행위에 대한 대면성의 예외로서 인정되는 원격 의료는 원격지 의사가 정보 통신 매체를 활용하여 환자와 상호 의사를 소통함으로써 환자의 병증을 진단하는 특징을 갖는다. 이러한 논의를 촉발하게 된 것은 무엇보다도 ICT 기술의 발전에 있다. 헬스케어 기술에 대한 발전이 국민의 질병 치유와 건강 유지에 획기적인 도움이 될 것이라는 믿음이 원격 의료 도입의 바탕을 이루고 있다.

인터넷 사용자 수, 스마트폰 보급량 및 앱 사용량 등 IT 기술 강국을 표방하는 우리나라의 경우, 의료의 사각지대를 해소하고 환자에 대한 편의성을 증대하여 의료의 공공성을 실현하기 위해서는, 원격 의료가 현재보다 확대되어야 한다는 주장은 시간이 갈수록 그 설득력이 강화되고 있다.

찬성론

원격 의료를 찬성하는 입장은 무엇보다 격지 · 오지의 환자들에게 효율적인 보건의료 서비스를 제공할 수 있다는 점에 있다. 우리 헌법은 국민의 기본권으로서 보건권을 명시적으로 인정하고 있는바(제36조 제1항), 모든 국민은 국가로부터 의료 서비스를 받을 권리를 갖고 있고. 국가는 이에 대한 책무를 갖는다고 규정하고 있다. 즉, 모든 국민이 국가가 제공하는 의료 서비스에 관하여 평등한 급부를 받아야 한다는 점을 우리 헌법은 명백하게 고려하고 있는 것이다. 이와 같이 원격 의료 찬성론자들은 의료 서비스의 공공성과 의료의 보편성 측면에서 그 도입을 당연하게 주장하게 된다. 이러한 원격 의료의 도입은 만성 질환 환자들을 효율적으로 관리할 수 있고, 의료 기관에 입원 · 방문하는 횟수를 감소시켜 줄 것이라는 믿음을 바탕으로 한다.

국민의 건강권 보장 측면을 고려한 주장도 찬성론의 논거를 뒷받침한다. 원격 의료는 정보 통신 수단을 활용하기 때문에 비대면을 요소로 한다. 이러한 비대면의 특징은 시간적 제한과 장소적 장애를 극복하도록 한다. 즉, 도서벽지 등 지리적 취약 지역의 물리적 접근성의 한계로부터 벗어나고, 환자가 병원이라는 장소적 공간에 예속되지 않고 진료를 받을 수 있다는 점에서 의료 서비스 품질성을 확보할 수 있게 될 것이다.

또한 첨단 장비를 이용한 모니터링 시스템 등으로 환자를 지속적으로 관리할 수 있어 의료의 질이 향상될 뿐만 아니라, 기술의 발전으로 안정성에도 문제가 발생되지 않을 수 있다. 보호자가 필요한 환자의 경우 의료기관을 이용하기 위해 가족 등의 도움을 받아야 하는데, 원격 의료는 환자와 가족의 정신적인 부담을 줄여 삶의 질을 도모할 수 있고, 의료 관련 산업의 육성과 통합적인 의료 정보 관리 등의 장점이 제시될 수 있다.

또한 의료 행위의 시대의 흐름이 의사 중심에서 환자 중심으로 변화하고 있다는 점을 고려할 필요가 있다는 주장도 원격 의료의 적극적인 도입에 대한 주된 논거로 제시된다.

반대론

반대론자들은 의사가 환자를 대면해 진찰을 했을 때 정확한 진단이 가능하다는 점을 강조하면서, 원격 의료는 의사의 진찰 능력을 저해할 뿐만 아니라 정확한 진단을 할 수 없어 대면 진료를 대신하는 것은 무리가 있다고 한다. 즉, 원격으로 진료하는 경우에 환자가 자신의 질환과 징후를 설명하는 것만으로는 의사가 관련 질병을 파악하기에 충분하지도 않고 정확한 진단을 불가능하게 하여 오진 발생 가능성이 있다고 주장한다.

또 다른 반대 이유로 원격 의료의 도입이 오히려 의료 공공성을 훼손할 것이라는 점을 든다. 원격 의료가 의료 민영화로 연결되어 의료비 부담을 가중시킬 수 있고, 환자의 대부분이 거대한 자본을 갖춘 대형 의료기관을 중심으로 쏠림 현상이 발생할 수 있다는 것이다. 이러한 현상은 도시와 벽지 간 의료 서비스 격차 해소라는 원래의 목적과 부합되지 않는 결과를 초래할 가능성이 있다고 한다.

원격 진료로 병원을 방문하지는 않아도 약을 처방받기 위해 약국을 갈 텐데 굳이 원격 의료를 인정해야 하느냐에 대한 의문을 제기하기도 하고, 의료 보험 수가의 적용과 의료 사고 발생 시 책임 문제가 정리되지 않아 지금 당장 원격 의료 체계를 받아들이기 어렵다는 주장도 있다.

그 외에도 개인정보의 유출 가능성을 제시하기도 한다. 정보 통신 기술을 활용해 의료 서비스를 비대면으로 제공하는 원격 의료는 환자 건강 정보 등 민감한 데이터가 디지털로 교환되기 때문에 데이터 유출 위험이 상존한다. 데이터 유출의 주요 원인으로는 건강 기록이나 환자의 병력 등 환자 데이터가 암호화되지 않은 경우 또는 인증 절차가 미흡할 경우 데이터 탈취 문제가 발생할 수 있다. 원격 의료는 모바일 앱, 화상 회의 등 디지털 플랫폼을 통하여 데이터를 전송받게 된다. 이 과정에서 데이터 유출이 발생할 수 있을 것이다. 현행 의료법상 원격 의료 데이터의 보호 기준이 명확하지 않은 점도 문제점으로 지적될 수 있다.

의료인 중심에서 환자 중심으로

정보 통신 기술과 산업의 급속한 성장으로 모든 산업 분야에서 업무의 효율성이 높아지고 있고 편의성이 제고되고 있다. 이러한 기술의 발전은 의사가 환자의 정보를 실시간으로 받아볼 수 있는 계기를 제공하고 있다.

의료 전달 체계가 붕괴될 경우 수익성이 악화될 것이라는 염려, 원격 의료가 도입되면 대형 마트가 주위 소규모 상권을 초토화하듯 의료 업계의 기반이 무너질 것이라는 우려가 있기는 하지만, 의료인 중심에서 환자 중심으로 변화하고 있는 시대의 흐름을 거부할 수는 없다. 정보 통신 기술의 발전을 기반으로 하는 원격 의료에 대한 단계적인 도입을 반대하기에는 무리가 있다.

원격 의료를 넘어 AI 의료 행위로

4차 산업혁명 시대에 가장 발전 가능성이 높은 분야로 의료 분야를 꼽게 된다. 그 중심에 원격 의료가 자리 잡고 있다. 빅데이터와 인공지능의 상용화는 의료 산업과 의료 서비스 분야에 다양한 긍정적인 영향을 미치고 있다. 정보 통신 기술의 급속한 발전에 의료 영역이 외면해서는 안 될 것이다. 원격 의료 행위를 넘어 AI 의료 행위를 위한 제도적인 정비가 요구된다.

의료 접근성 확대를 기대하면서 원격 의료의 도입을 찬성하는 입장도 있지만, 개인 의료 데이터 유출 문제의 위험성도 노출되고 있는바, 원격 의료 도입을 위해서는 데이터 보호, 본인 확인, 진료 기록 보안 등 법적 · 기술적 대책 마련에 만전을 기해야 할 것이다. 이러한 한계를 극복해야 원격 의료 행위를 넘어 AI 의료 행위의 목도(目睹)를 우리는 안심하고 기대할 수 있을 것이다.

참고문헌

유주선(2022). “인공지능 알고리즘을 통한 보건의료 데이터 활용 관련 법제도적 개선방안: 보험상품의 개발 측면에서”. 《금융법연구》, 19(2), 39~68쪽.

이호용(2021). “원격의료의 법적 쟁점”, 《한양법학》, 32(4), 3~29쪽.

임지연 · 김진숙(2022). “원격 의료 관련 입법 논의 현황과 향후 과제”. 《법학연구》, 25(2), 35~65쪽.

최용전(2015). “원격 의료에 관한 의료법의 개정방안 연구”. 《공법연구》, 44(1), 581~614쪽.

05
AI 의료와 법제 패러다임 변화

보건의료에서의 당사자인 환자가 자기결정권을 행사하는 전통적 방식은 의사의 설명을 토대로 의료기관이라는 장소적 제한 공간에서 환자가 동의하는 모습이다. 일반적으로 의료에 관한 의사 결정은 의사와 환자 간의 상호적 자기결정에 따르게 된다. 그러나 AI 의료 발달은 환자와 의사 사이에 AI가 개입되면서 설명의 주체가 의사가 아닌 AI가 그 자리를 대체하게 된다.

AI 콘텐츠 크리에이터?

설명 주체: 의사에서 AI로

전통적으로 의료 영역은 의료가 가지는 고도의 전문성 때문에 의료분야를 전공하지 않은 일반인이 이해하기에는 한계가 있다. AI가 의료에 도입되면서 전문가 영역의 경계가 허물어질 가능성이 있다. 빅데이터를 기반으로 한 정확한 진단과 처방, 개인에게 초정밀 맞춤화한 치료 방식을 제공하는 AI 의료는 인간 의사에게 진단과 치료를 의존하던 방식에서 벗어나, 환자의 데이터를 기반으로 AI 기술에 비중을 두게 된다.

보건의료에서 당사자인 환자가 자기결정권을 행사하는 전통적 방식은 의사의 설명을 토대로 환자가 동의하는 모습이다. 일반적으로 의료에 관한 의사 결정은 의사와 환자 간의 상호적 자기결정에 따르게 된다. 그러나 AI 의료 발달은 환자와 의사 사이에 AI가 개입되면서 설명의 주체가 의사가 아닌 AI가 그 자리를 대체하게 된다.

현재 AI 의료 수준에서는 AI의 역할이 진료와 진단의 보조적인 역할에 머물고 있지만, AI 의료로 발생될 수 있는 진단의 오류 가능성, 치료의 효과, 예후 등 환자가 알아야 할 정보는 인간 의사와 환자 사이의 의사소통과 마찬가지로 제공되어야 한다. 의료진은 환자에게 치료 관련 정보를 제공하는 주체로서, 설명 내용에 AI를 보조적으로 사용함으로써 환자가 받을 수 있는 영향이 포함되어야 한다.

맞춤형 건강관리 서비스

개인의 건강과 관련해 실시간으로 생성되는 다양한 데이터가 모바일 기기를 통해 병원으로 전달되고, 이렇게 수집된 개인 데이터와 전자의무 기록이 AI 기술로 자동 분석되고 치료에 관한 의사 결정을 지원할 수 있게 되면, 의료의 패러다임은 크게 바뀔 것이다. 질병이 발생했을 때 병원을 방문해 치료를 받는 방식이 아니라, 질병이 발생하기 전에 모니터링과 예측을 통해 개개인에게 건강관리에 관한 코칭과 처방이 제공되고 질병을 예방하는 데 주안을 두는 방식으로 변화가 예상된다.

정밀 의료, 맞춤형 의료가 가속화하면서 이제까지가 질병과 병원을 중심으로 한 의료였다면, 앞으로는 AI 의료 활성화로 환자와 사람 중심의 의료로 전환될 수 있다. AI 의료 기기를 사용해 만성 질환 환자들이 집에서 건강관리를 할 수 있게 되면 병원에서 진료를 받는 횟수는 줄게 된다.

병원은 AI 디지털 기기가 맡기 어려운 복잡한 검사나 수술에 집중하는 형태로 변화하고 환자가 부착한 웨어러블 기기를 통해 집적되는 데이터의 허브가 될 수 있다. 평상시에 웨어러블 모바일 기기를 착용한 사람의 건강 관련 데이터가 엄격한 보안 체계에서 지속적으로 수집, 분석되는 플랫폼 기반의 데이터 센터가 생길 경우, 환자에게 심정지 때나, 또는 심정지가 발생하기 전에 선제적으로 예측해 적시에 치료로 연결할 수 있다. 환자 중심 의료는 가치 중심의 의료를 의미한다. 이러한 현상은 AI 의료가 데이터 중심의 맞춤형 의료가 가능한 것으로부터 발생하는 것이다.

AI 의료와 개인정보 보호

AI가 필수적으로 빅데이터와 연동되어야 하는 특성이 있기 때문에, AI 의료에는 의료 서비스의 소비자들은 개인정보를 제공하고 이 데이터를 통해 의료 서비스를 제공받는 순환 구조를 이루게 된다.

정보보호와 관리의 패러다임도, 의료 소비자가 마지못해 정보 제공에 동의하는 수동적인 패러다임에서, 맞춤형 서비스를 제공받기 위해 적극적으로 본인의 데이터를 제공하겠다는 '마이데이터(My Data)' 패러다임으로 전환될 수 있다.

지능형로봇법, 지능화정보화법상 AI와 AI 의료

AI는 소프트웨어로 구현되는 알고리즘이다. AI의 법률적 개념은 AI를 탑재한 지능형 로봇에 관해 규율하는 「지능형로봇 개발 및 보급 촉진법(약칭: 지능형로봇법)」이나 「지능정보화 기본법」 조항을 통해 알 수 있다. 지능형로봇법에서는 지능형 로봇을 '외부 환경을 스스로 인식하고 상황을 판단해 자율적으로 동작하는 기계 장치로 정의한다(지능형로봇법 제2조). AI는 소프트웨어로 구현되기 때문에 소프트웨어산업진흥법과 저작권법에서의 소프트웨어 또는 컴퓨터 프로그램 저작물로도 분류될 수 있다. 「지능정보화 기본법」에서 AI를 지칭하는 것은 '지능정보기술'의 개념이다(제2조 제4호). 이 법에서 지능정보기술은 전자적 방법으로 학습 · 추론 · 판단 등을 구현하는 기술(제4호 가), 데이터를 전자적 방법으로 수집 · 분석 · 가공 등 처리하는 기술(제4호 나), 물건 상호 간 또는 사람과 물건 사이에 데이터를 처리하거나 물건을 이용 · 제어 또는 관리할 수 있도록 하는 기술(제4호 다), 클라우드 컴퓨팅 기술(제4호 라), 무선 또는 유·무선이 결합된 초연결 지능정보 통신 기반 기술(제4호 마) 등을 지칭한다. 동법에서 지능정보 기술은 AI의 머신러닝, 딥러닝을 통한 의사 결정 및 판단 능력, 방대한 데이터 처리 능력, 정보 통신 기반 기술을 활용해 유무선 결합 · 연결 능력을 특징으로 한다. AI는 지능형 소프트웨어, 유무선이 결합된 정보 통신 기술로 웨어러블 기기, 지능정보 기술을 탑재하고 로봇의 외형을 가진 지능형 로봇까지 확장된다.

AI 의료는 진단용 측정 소프트웨어, 진료 보조용 · 치료용 로봇, 웨어러블 형태의 스마트 케어 등으로 분류된다. 진단용 측정 소프트웨어나 진료 보조용으로 활용되는 AI 의료에서는 의사의 의사 결정과 판단에 참고할 수 있도록 해 의사의 의료 행위를 보조하는 역할을 하지만, AI 의료는 기술의 발전 양상에 따라 의사 없이 질병의 진단을 독자적으로 수행하는 의료 기기나, 치료용 로봇과 같은 경우에는 AI가 행하는 결정을 대리할 대리인(agent)을 통해 그동안 인간 의사가 하던 역할을 직접 수행할 수 있다.

웨어러블 기기 등을 이용한 스마트 케어도 환자와 직접 상호작용으로 인간 의사와 환자 사이에서 이루어지던 기존의 의료 행위 방식과 규율에 변화를 요구한다. AI 의료의 발전으로 의료인과 의료 행위, 의료 기기 등 의료와 관련된 법령들에서 전제하는 의료인의 정의, 의료 행위에 관한 개념을 비롯해 인간 행위 중심의 의료 법제에

근본적인 변화와 재정립이 요구된다.

AI 의료, 진단 보조에서 치료 의사 결정으로 패러다임 변화 가능성

의료진의 진단 보조를 넘어 의료 AI가 치료에 대한 의사 결정 주체로 발전, 확대될 수 있을까에 대한 물음이 제기될 수 있다. 이는 AI가 단순한 기술로서 보는 시각에서 의료의 본질을 변화시키는 도구로 변모한다는 것을 의미한다. 현재 AI 의료는 개인 맞춤형 치료법을 추천한다거나 실시간 위험을 관리하는 역할 등 환자의 안전성과 치료 효과를 높여주고 있다. 또한 의료진의 경험과 직관을 대체하는 역할을 하기보다 의료진의 선택과 판단, 결정을 지원하는 역할을 한다. 하지만 시간이 갈수록 AI 의료는 의료진을 보조하는 역할을 넘어 치료에 대한 의사 결정 주체로 발전할 가능성을 간과할 수 없다. 다만, 이를 위해서는 의료진 역할의 재정립, 사회적 신뢰 및 제도적 기반을 마련하는 것이 전제되어야 할 것이다.

참고문헌

엄주희 · 김소윤(2020). "인공지능 의료와 법제". 《한국의료법학회지》, 28(2), 53~77쪽.

이원복(2025). “인공지능 발전과 신뢰 기반 조성 등에 관한 기본법과 의료 인공지능의 규제”. 《법제》, 708, 127~163쪽.
이인영(2019). “보건의료에서의 인공지능 적용과 관련된 법적 과제에 대한 개관”. 《한국의료법학회지》, 27(2), 35~71쪽.

06
약한 AI 의료 행위의 책임

의료 계약은 통상적으로 환자가 진료를 신청하고 의사가 접수하는 것을 통해 성립한다. 계약의 체결로 환자는 계약상의 진료 청구권을 갖게 되고, 의사는 질병의 치료를 위해 모든 의료 관련 지식과 기술을 통해 환자를 진찰하고 치료하는 의무를 부담하게 된다.

AI와 민주주의?

의료 사고와 손해배상청구권

의료 과실의 피해자인 환자 측에서 민사상 의료 과실 책임을 묻는 방법은 계약 책임과 불법 행위 책임이라는 두 가지가 존재한다. 양자 모두 그 법리 구성에서 과실 책임의 원칙에 따른 의사의 주의 의무 위반이 책임 귀속의 핵심이며, 그 내용에서도 본질적인 차이는 없다. 그러므로 의료 과실이 개재된 의료 사고가 발생한 경우 민법 제390조에 의한 채무불이행으로 인한 손해배상책임의 성립 요건으로 ① 채무자에게 일정한 채무의 존재, ② 채무자의 채무불이행 사실, ③ 채무자의 귀책사유, 즉 채무불이행의 위법성, ④ 채무불이행과 인과관계 있는 손해의 발생이 필요하고, 민법 제750조에 의한 불법 행위로 인한 손해배상책임의 성립요건으로 ① 가해자의 고의 · 과실, ② 가해행위의 위법성, ③ 가해행위와 인과관계 있는 손해의 발생이 필요하다.

의료 계약은 통상적으로 환자가 진료를 신청하고 의사가 접수하는 것을 통해 성립한다. 계약의 체결로 환자는 계약상의 진료 청구권을 갖게 되고, 의사는 질병의 치료를 위해 모든 의료 관련 지식과 기술을 통해 환자를 진찰하고 치료하는 의무를 부담하게 된다(이덕환, 2006). 민사 책임은 계약 관계에서 발생하는 책임도 있지만 불법 행위로 인한 책임도 발생한다. 의사의 과실이 원인이 되어 의료 사고가 발생한 경우, 민법 제390조에 따라 계약 위반에 따른 채무불이행 책임이나 민법 제391조에 따른 이행 보조자의 고의 또는 과실로 인한 책임을 부담해야 한다. 계약 책임과는 별도로 고의 또는 과실로 위법하게 타인에게 손해를 가한 경우라면, 민법 제750조 이하의 불법 행위에 기한 손해배임책임이 문제될 수 있다.

약한 AI의 책임

약한 AI와 관련해 발생하는 책임 문제는 불법 행위와 계약관계에서 다양하게 나타난다. 불법 행위로 인한 책임의 유형으로 사용자 배상 책임, 동물 점유자의 책임, 일반 불법 행위로 인한 책임, 공작물 등의 점유자 책임 등이 있고, 그 외에 계약 관계에서 발생하는 계약상 책임과 제조물 책임 등이 있다.

사용자 배상 책임

민법 제756조에 따른 사용자의 배상 책임에 대한 사항을 고려할 수 있다. 동 규정에 따르면, 타인을 사용해 어느 사무에 종사하게 한 자는 피용자가 그 사무 집행에 관해 가한 손해를 사무를 종사하게 한 자(이를 사용자라 한다)가 배상책임을 부담해야 한다(대법원 2017. 9. 26. 선고 2014다27425 판결). AI를 통해 환자를 치료하는 경우 민법상 사용자 배상책임이 적용되기 위해서는 AI가 '피용자' 지위를 가져야만 한다.

하지만 우리 법상 피용자는 권리와 의무의 주체가 될 수 있는 사람을 전제로 하고 있다. AI 로봇은 사람이 아니기 때문에 피용자 지위를 가질 수 없고, 민법 제756조에 따른 손해배상책임을 청구할 수 없게 된다.

동물 점유자의 책임

동물 점유자의 책임을 규정하고 있는 민법 제759조를 적용하는 방안이다. 동 조에 따르면, 동물의 점유자는 그 동물이 타인에게 가한 손해를 가한 경우 그 점유자가 배상해야 한다. 동물은 이성을 갖지 않은 자의적이고 본능적인 행위를 하는 특성이 있다. 왓슨과 같은 AI는 인간의 행위를 보조하는 매개로서 인간이 프로그래밍한 내용에 따라 반응한다. 자의적이고 본능적인 행위를 하는 동물과 AI를 동일하게 볼 수는 없다 할 것이다.

일반 불법 행위 책임

왓슨과 같은 AI의 경우 민법 제98조의 물건에 해당될 수 있다. 이 경우 왓슨은 고의 또는 과실로 인한 위법 행위의 주체로 볼 수 없다. AI에 의해 야기된 제3자의 손해에 대한 책임의 주체가 될 수 없기 때문에, 피해자는 AI에게 민법 제750조에 따른 손해배상책임을 물을 수 없게 된다. 다만, 자연인이 약한 AI를 통해 고의 또는 과실로 타인에게 손해를 가한 경우 그 자연인의 배상책임 적용 가능성이 제기될 수는 있을 것이다.

공작물 등의 점유자 책임

민법 제758조에 따른 공작물 등의 점유자, 소유자의 책임을 고려해 볼 수 있다. 민법 제758조는 공작물의 설치나 보존의 하자로 인해 타인에게 손해를 가한 경우 점유자의 손해배상책임을 규정하고 있다. 여기서 중요한 것은 '공작물'의 개념이다. 공작물은 토지에 정착되어 있는 정적인 물건을 의미하고, 이 개념을 확대해 자동차, 비행기, 공장의 기계 등을 포함해 동적인 기업 설비까지도 공작물에 포함시키는 주장도 제기될 수 있다(박준서, 2004). 이 견해에 따르면, 민법 제758조가 적용될 수 있을 것이다. 하지만 AI를 이와 같은 기업 설비와 동일하게 볼 수 있는가 하는 의문이 있다.

계약상 책임

'계약상 책임'은 계약 당사자 간에 권리와 의무가 발생하고 이행되는 법률적 관계에서 발생하는 책임을 의미한다. 청약의 의사표시와 승낙의 의사표시에 의한 의사의 합치가 이루어지면 계약이 성립하게 된다. 계약이 성립하면 계약을 통해 당사자 사이에 약정한 권리와 의무가 발생한다. 약한 AI와 관련된 계약상 책임은 하자담보책임과 채무불이행책임으로 구분하여 생각해 볼 수 있다.

약한 AI의 경우 AI 로봇을 제조하고 판매한 자와 이를 매수한 자 사이에 매매 계약이 발생한다. 만약 매수인이 매매목적물에 대한 하자를 발견한 경우에는 민법에 따라 하자담보책임을 물을 수 있다. 여기서 하자란 법률 또는 당사자가 예기한 상태나 성질이 결여되어 있는 상태나 상황을 의미한다.

매매목적물인 AI 로봇이 정상적인 상태가 아닌 하자로 인하여 매수인에게 손해가 발생한 경우라면, 매수인은 AI 로봇을 제조하고 판매한 매도인에게 하자담보책임을 물을 수 있다(민법 제580조 이하). 매도인은 손해배상책임을 포함한 원상회복청구권이나 대금감액청구권 등의 하자로 인한 담보책임을 부담해야 한다.

채무불이행에 따른 책임 문제도 고려해 볼 수 있다.

채무불이행은 채무자에게 책임 있는 사유로 채무의 내용에 따른 이행이 이루어지지 않고 있는 상태를 의미하는 것이다. 채무자의 고의 또는 과실의 유책사유와 함께 채무를 이행하지 않는 것이 위법해야 하는 위법성을 요건으로 한다. 대법원에 따르면, 채무를 불이행하는 것은 계약의무를 이행하지 않은 것으로 일단 위법성이 추정된다(대법원 2002.12.27. 선고 2000다47361 판결). 즉 채무불이행으로 발생한 손해 중 통상적으로 예견할 수 있던 범위를 넘어서는 특별한 손해를 의미하는 매수인의 확대손해가 발생하는 경우, AI 로봇을 제조하고 판매한 매도인의 귀책사유에 따른 채무불이행 책임이 문제될 수 있다(민법 제390조).

제조물 책임

「제조물책임법」에서 규정하는 내용을 토대로 제조업자에 대한 책임 여부를 살펴 볼 수 있다. 「제조물책임법」은 제조물의 결함으로 인해 생명, 신체, 재산에 대한 손해가 발생한 경우 제조업자 등에게 손해배상책임을 부과하기 위하여 제정된 법률이다. 입법 취지는 소비자를 보호하고 국민생활의 안전 향상에 있다. 약한 AI와 관련된 「제조물책임법」 이슈는 제조물의 개념으로부터 출발한다.

「제조물책임법」 제2조는 '제조물'을 제조되거나 가공된 동산(다른 동산이나 부동산의 일부를 구성하는 경우를 포함)으로 정의하고 있다. 약한 AI의 경우 소프트웨어 AI와 하드웨어 AI가 결합한 하나의 존재로서 제조물성이 인정될 수 있는 여지가 없는 것은 아니다(이도국, 2017). 하지만 소프트웨어의 성격을 가진 AI를 동산으로 볼 수 있을 것인가 하는 의문이 있고, 제조물책임법에 따른 제조업자의 책임을 인정할 것인가에 대한 논란이 있을 수 있다.

절차법적인 쟁점과 달리, 소송법적인 쟁점도 발생할 수 있다. AI의 결함의 경우 그 결함 여부와 그로 인한 손해의 인과관계는 기존 제조물책임 법리와 유사하게 적용될 수는 있을 것이다. 즉 소비자는 제품이 정상적으로 사용된 상태에서 손해가 발생했다는 점과, 그 손해가 제조업자의 배타적인 지배 영역에서 발생했다는 점, 그리고 결함이 없이는 통상적으로 발생하지 않았다는 점을 증명해야 하고, 제조업자는 결함이 없다는 점을 입증해야 한다. 만약 이를 증명하지 못한다면 제조업자의 책임을 벗어나기 어렵다 할 것이다.

하지만 AI만의 특성상 피해자가 「제조물책임법」상 일반적인 제조물의 세 가지 간접사실을 입증 중, AI의 결함을 입증하는 것은 상당한 어려움이 발생할 수 있다. AI의 경우에는 피해자의 입증 책임에 대한 절차법상의 완화 등의 고려가 마련되어야 할 것이다.

법규의 한계와 대안 필요성

약한 AI가 의료 행위에 개입해 타인에게 손해를 야기한 경우, 실정법에 규정되어 있는 법규에 따라 책임을 묻기 위한 시도는 할 수 있겠지만, AI가 실제 효력을 발생하고 있는 법률상의 사람이 아니라는 점에서, 청구권 조항의 합당성 여부에 대한 논란이 발생할 수 있다. 물론 법률에 규정되어 있는 조문 해석을 통해 발생되는 문제를 해결할 수는 있겠지만, 이러한 시도는 법적 안정성을 해할 우려가 있을 뿐만 아니라 사회 혼란을 가중시킬 수 있을 것이다. 입법적 해결이 요망된다.

참고문헌

김재형(2009). "법인격, 그 인정과 부정". 《민사법학》, 44, 31~65쪽.

백경희 · 장연화(2017). "인공지능을 이용한 의료 행위와 민사 책임에 관한 고찰". 《법조》, 66(4), 90~121쪽.

손영화(2016). "인공지능(AI) 시대의 법적 과제". 《법과 정책연구》, 16(4), 305~329쪽.

유주선(2022). "인공지능 알고리즘을 통한 보건의료 데이터 활용 관련

법제도적 개선방안: 보험상품의 개발 측면에서”. 《금융법연구》, 19(2), 39~68쪽.

07
강한 AI 의료 행위의 책임

강한 AI의 경우 인간과 유사한 지각력을 가지고 외부 데이터와 인간 지식의 도움을 받지 않고서도 스스로 학습해 판단하고 창의적 행위를 한다. 우선 제조물책임법의 제조물에 해당하는가에 대한 물음이 제기될 수 있다. 또 다른 측면에서 강한 AI는 인간과 유사한 능력을 갖추고 있다는 점에서, 회사 등에게 법인격을 부여하여 실정법상 법인으로 인정하고 있는 점을 고려하여 AI에게 법인격을 부여해야 할 필요성이 있는지, 법인격을 인정하여 권리 주체로 인정된다면 AI에게 독립된 재산을 갖추게 하는 방안까지 논의될 수 있을 것이다.

AI와 애니메이션?

실정법의 적용 문제

강한 AI의 경우 인간과 유사한 지각력을 가지고 외부의 데이터와 인간지식의 도움을 받지 않고서도 스스로 학습해 판단하고 창의적인 행위를 한다. 우선 제조물책임법의 제조물에 해당하는가에 대한 물음이 제기될 수 있는데, 강한 AI의 경우 제조자의 주도적 개입이 요구되지도 않고, 강한 AI의 행위에 대한 결과를 예측할 수도 없다는 점에서 제조물로 볼 수는 없다.

강한 AI 역시 사람이 아니라는 점에서 피용자의 지위를 가질 수 없다. 그러므로 민법 제756조에 따른 사용자배상책임이 적용될 수 없다. 인간의 지각력과 유사한 능력을 가진 강한 AI의 경우 자율적 행위를 한다는 점에서 동적인 기업설비로서 성격이 인정될 수 있는 약한 AI와 달리 공작물에도 해당될 수 없어 민법 제758조가 적용될 수 없다. AI 자신이 스스로 판단하고 결정하는 고차원적인 행위를 한다는 점에서 동물과도 유사하게 볼 수 없어 동물점유자에 대한 책임을 규정하고 있는 민법 제759조도 적용될 수 없다.

강한 AI는 인간과 유사한 사고와 행동은 할 수 있지만, 인간이 아니라는 점에서 인간을 전제로 해 책임을 규정하고 있는 민법 제750조의 불법 행위로 인한 손해배상책임을 인정하기 어렵다.

인공지능의 권리 능력 인정 여부

실정법에서 AI에 대한 책임 문제를 해결하지 못하면, 강한 AI의 경우 새로운 인간의 탄생을 상정해 볼 필요가 있다. AI 로봇과 관련되는 법적 문제는 AI에게 법인격을 부여해야 하는가와, AI에 의해 야기되는 손해의 책임이다. 전자와 관련해 우리는 자연인, 법인 외에 전자 인간이라고 하는 새로운 권리 주체를 고려해 볼 수 있다.

AI에게 법인격을 부여한다는 것은 법적으로 로봇을 인간과 같은 하나의 권리 주체로 인정한다는 것을 의미한다. 우리 실정법은 사람이 될 수 있는 자로 자연인과 법인을 두고 있다. 그러나 이미 세계 주요국은 실정법에서 권리 주체로서 사람, 권리 객체로서 물건이라는 이분법을 벗어나, 물건 중 생명이 있는 동물을 별개로 다루고 있다.

동물보호권 관련 독일 법제의 동향

유럽연합(EU)은 2009년 동물을 '지각력 있는 존재'로 인정하고 동물을 학대하는 방식인 산란계 배터리 케이지와 돼지 감금틀을 없애기로 했다. 뉴질랜드는 더 적극적으로 동물보호법에 동물을 지각력 있는 존재로 존중할 것을 명시하는 등 동물 보호 법제가 빠르게 발전하고 있다.

2002년 6월 21일 독일은 세계 최초로 헌법에 동물 보호를 국가의 책무로 규정했다. 독일 기본법(우리나라의 헌법에 해당함) 제20조는 '국가는 미래 세대의 관점에서 생명의 자연적 기반과 동물을 보호할 책임을 갖는다'고 규정하고 있다.

독일은 이 분야에서 선진적인 법제를 두고 있는데, 독일 민법 제90조는 물건의 개념을 정의하고 있다. 그러나 1990년 민법 개정 시 제90a조를 신설해 "동물은 물건이 아니다. 동물은 별도의 법률을 통해 보호된다. 다른 규정이 없는 한 동물은 물건에 관한 규정을 준용한다"는 내용을 신설하였다. 이미 실정법에 명시적으로 동물에게 사람과 물건 사이의 '제3의 지위'를 부여하고 있음을 알 수 있다.

또한 독일 연방 동물보호법은 동물을 '이웃'이라는 개념으로 정의하고 있다(동법 제1조). 인간과 함께 창조된 생명체라는 의미를 부여하고 있는 것이다. 물건이라는 개념에서 벗어나 인간과 함께 공존하는 존재이자 즐거움과 고통을 감수할 능력이 있는 생명체로 보는 시각이 작용한 것으로 판단된다.

자연물과 AI의 권리 능력 인정 가능성

자연물은 법적으로 권리 주체가 될 수 있는지 여부가 국가와 시대에 따라 다르게 인정되고 있다. 자연물과 관련된 소송의 대표적인 예로 도롱뇽 사건(울산지방법원 2004.4.8. 자2003카합982 결정)을 들 수 있다. 천성산으로 경부 고속철도가 관통하여 지나가게 됨에 따라 도롱뇽의 서석지가 사라지고 천성산에 위치한 미타암 등 사찰 역시 소음 피해를 겪게 된다는 점을 원인으로 하여 2003년 10월 15일 내원사와 미타암이 한국철도시설공단을 피신청인으로 부산지방법원에 경부고속도로철도 청성산구간터널공사중지 가처분을 신청하고, 같은 해 11월 3일 도롱뇽과 도롱뇽의 친구들이 같은 취지의 가처분을 신청한 사건이다[부산고등법원 2004.11.29. 자 2004 라41, 2004라42 (병합)결정]. 하지만 대법원은 동물 도롱뇽의 소송 당사자 자격을 인정하지 않고 각하 결정한 원심을 유지했다(대법원 2006.6.2. 선고 2004마1148, 1149 결정).

이 사건 외에도 검은머리물떼 사건(서울행정법원 2010.4.23. 선고 2008구합 29038 판결), 황금박쥐 사건(청주지방법원 2008.11.13. 선고 2007구합 1212 판결) 등이 있었지만, 우리 민사소송법은 자신의 권리 내지 법익을 침해받은 자만이 청구권을 갖게 되는 주관적 쟁송 제도를 취하면서 자연물에 대한 당사자 적격을 인정하지 않고 있다.

우리나라 법원에서 자연물에 대한 권리 능력과 당사자 능력을 인정하지 않았지만, 다른 국가에서는 다른 방향으로 진행되고 있는 모습이다. 우선 뉴질랜드의 왕거누이(Whanganui)강 사례를 들 수 있는데, 2017년 3월 14일 뉴질랜드 의회는 왕거누이강에 대하여 법인격을 부여하는 취지의 법안을 가결하였다. 1870년 이래로 마오리족은 왕거누이강과의 특별한 관계를 인정받기 위해 뉴질랜드 정부와 약 160년 동안 법적 분쟁을 이어왔는데, 동 법안이 의회를 통과함에 따라 왕거누이강은 세계 최초로 법인격이 부여된 자연물이 되었다. 이제 마오리족 공동체가 임명한 대표자 1인과 정부가 위임한 대표자 1인이 공동으로 왕거누이강을 대리하게 되며, 왕거누이강에게는 자연인과 같은 권리 능력과 의무 능력이 주어지게 된다.

인도의 갠지스강 · 야무나강 및 히말라야 빙하의 사례도 눈여겨볼 필요가 있다. 인도 우타라칸드(Uttarakhand) 주 고등법원은 2017년 3월 20일 갠지스(Ganga)강과 야무나(Yamuna)강에 대하여 법인격을 부여하는 취지의 판결을 내렸다. 10일 후에는 히말라야 산맥의 강고트리(Gangitri) 빙하와 야무노트리(Yamunotri) 빙하에 대해서도 법인격을 인정하는 판결을 선고하였다. 이들은 자연물임에도 불구하고 자연인 또는 법인과 마찬가지로 법적 권리를 보유할 수 있는 권리 주체로 인정한 것이다.

법인격은 사회의 발전에 따라 사회적 목적을 위해 고안된 개념으로 자연인과 마찬가지로 법률에 의해 권리와 의무가 부여되며, 사회 · 정치 · 과학 발전의 진전에 따라 가상의 인격체가 법인격을 갖게 되는 것이 불가피하다. 인간이 아닌 생물이나 무생물 또는 사물도 법인격을 가질 수 있음을 엿볼 수 있다. 이와 같은 법인격의 확대는 이제 AI 로봇에게도 법인격이 인정될 수 있음을 의미한다.

전자 인간과 책임 구조

이와 같은 측면에서 로봇을 보면 하나의 인격체로 인정할 수 있는 여지가 있다. 인공적인 창조물로서 로봇 역시 인간 생활과 밀접한 관계를 맺고 있고, 로봇 역시 지각을 감지하는 존재로 인정되는 바, 또 다른 하나의 권리 주체로 인정 가능성이 발생하는 것이다(이상형, 2016).

실제로 유럽연합은 2017년 로봇의 법적 지위를 새로

운 인간으로서 '전자 인간(electric person)'으로 규정하는 내용을 결의했다. 정교하고 주체적인 행동을 하는 강한 AI 로봇의 의사 결정과 독립성을 인정하고, 로봇이 야기한 피해는 그 로봇이 책임을 부담하도록 하고자 하는 것이다. 강한 AI는 자주적이고 독립적인 행위를 한다. 약한 AI와 달리, 강한 AI는 실정법으로 책임을 부담시키기에는 현실적으로 한계가 있어, 유럽연합은 '전자 인간' 이라는 독자적인 법적 '인(person)' 개념으로 AI 자체에게 책임을 묻는 방안을 마련했다고 평가할 수 있다.

참고문헌

김광수(2019). "인공지능 발전에 대응한 국민의 안전과 생존권 확보 방안". 《법과 기업 연구》, 9(3), 187~217쪽.

백경희·장연화(2017). "인공지능을 이용한 의료 행위와 민사 책임에 관한 고찰". 《법조》, 66(4), 90~121쪽.

유주선(2022). "인공지능 알고리즘을 통한 보건의료 데이터 활용 관련 법제도적 개선방안: 보험상품의 개발 측면에서". 《금융법연구》, 19(2), 39~68쪽.

유주선(2018), "공학, 철학, 법학의 눈으로 본 인간과 인공지능", 씨아이알출판사.

이상형(2016). "윤리적 인공지능은 가능한가?-인공지능의 도덕적, 법적 책임 문제-". 《법과 정책연구》, 16(4), 283~303쪽.

08
AI 의료 행위와 개인정보 보호

AI 의료에서의 빅데이터는 수학적 알고리즘을 통한 분석으로 대상자의 각종 질병이나 건강 상태를 진단, 예측해 치료와 예방에 도움을 줄 수 있는 도구가 된다. 환자의 개인정보를 수집하고 분석하고 가공하는 것은 AI 의료 행위에서 필수적인 요소에 해당한다. 의료 정보는 민감 정보에 해당하는 것으로서, 여타 정보와 달리 그 보호 필요성은 매우 높다. 다른 측면에서, 의료 정보를 통하여 새로운 금융 상품을 개발, 활용하여 수요자의 이익을 도모해야 할 필요성도 상존한다.

AI와 인재 채용?

의료 데이터란

의료 빅데이터 활용으로 인한 데이터 보호에 관한 문제가 제기될 수 있다. AI 의료의 기반이 되는 의료 정보의 집합체, 즉 의료 빅데이터는 실시간 또는 신속하게 생성되는 규모가 방대한 개인의 의료 관련 데이터를 의미한다.

컴퓨터와 인터넷의 발달로 모든 데이터가 디지털화하면서 쉽고 빠르게 저장, 수집, 전송될 수 있다. 한 사람이 움직이며 만들어 내는 심박수, 체온, 정맥 패턴, 뇌파 등의 생체 정보들을 실시간으로 저장, 수집되어 대규모의 데이터가 축적될 수 있다.

디지털화한 데이터는 이진법 코드로 전환되어 원본과 복사본의 차이가 거의 사라지고 인터넷과 같은 초연결망을 통해 간편하게 저장, 복사, 활용된다. AI 의료에서의 빅데이터는 수학적 알고리즘을 통한 분석으로 대상자의 각종 질병이나 건강 상태를 진단, 예측해 치료와 예방에 도움을 줄 수 있는 도구가 된다는 점에서 중요한 의미를 가지고 있다.

의료 데이터와 개인정보 보호

의료 데이터와 관련한 법적 문제는 개인정보에 관한 전반적인 규율을 담당하는 「개인정보보호법」과 밀접한 관련을 맺고 있다. 「개인정보보호법」에서 개인정보의 개념은 살아 있는 개인에 관한 정보로, 그 정보만으로는 개인을 식별하지 못하더라도 그 정보와 다른 정보를 쉽게 결합해 개인을 식별할 수 있게 되는 정보도 포함한다.

이러한 정보를 「개인정보보호법」에서는 가명 정보라는 용어를 사용하고 있다. 특히 살아 있는 사람의 건강과 관련한 정보는 민감 정보로 분류해 정보 주체로부터 별도의 동의를 취득하거나 다른 법령에서 민감 정보의 처리를 요구하거나 허용하는 경우가 아니라면, 이 민감 정보를 처리하지 못하도록 한다. 또한 분실, 도난, 유출, 위조, 변조, 훼손되지 않도록 안전성 확보를 위한 특별한 조치를 요구하는 등 개인정보 중에서도 특별한 보호를 예정하고 있다(개인정보보호법 제23조 제1항, 제2항).

개인정보 보호 법제는 기본적으로 정보 주체의 사전 동의에 기반을 두고 이용될 수 있게 하는 방식인데, 2020년 2월 4일 법 개정으로 가명 정보 및 익명 정보의 개념을 도입하고, 가명 정보의 개념과 가명 처리에 관한 특례 조항을 도입·신설해 가명 처리 방식으로 통계 작성, 과학적 연구, 공익적 기록 보존 등을 위해서는 정보 주체의 동의 없이 처리할 수 있게 했다.

가명 처리는 개인정보의 일부를 삭제하거나 일부 또

는 전부를 대체하는 방법으로 추가 정보 없이는 특정 개인을 알아볼 수 없도록 처리하는 것(개인정보보호법 제2조 1의2)이라고 정의한다. 이러한 가명 처리로 원래의 상태로 복원하기 위해 추가 정보의 사용, 결합 없이는 특정 개인을 알아볼 수 없는 정보는 가명 정보라 일컫는다. 가명 정보의 결합은 개인정보보호위원회나 관계 중앙행정기관의 장이 지정하는 전문기관이 수행하도록 하고 있다(제28조의3). 가명 정보는 「개인정보보호법」의 개인정보에 포함된다(제2조1). 반면 익명 정보는 그 자체로 또는 다른 정보와 결합해서도 개인 식별이 불가능한 상태로 처리한 것이므로 가명 정보와는 구별되는 것으로 「개인정보보호법」의 개인정보가 아니므로 이 법에 따른 규제나 제한 없이 자유롭게 이용할 수 있다(제58조의2).

의료 데이터와 기타 실정법

의료에 관한 데이터를 다루는 법률로는 「개인정보보호법」 이외에도 「의료법」과 「국민건강보험법」에서 개인정보를 보호하는 규정이 존재하고 있다. 하지만 개인정보 활용에 대해서는 언급된 사항이 없다.

「생명윤리 및 안전에 관한 법률(생명윤리법)」에서도

인체유래물 및 사람을 대상으로 한 연구에서의 개인정보에 대한 보호는 별도로 규정하고 있다. 개인식별정보를 영구적으로 삭제하거나, 개인식별정보의 전부 또는 일부를 해당 기관의 고유식별기호로 대체하는 것을 익명화라고 함으로써(제2조 제19호) 개인정보를 제3자에게 제공하는 경우나(제18조 제2항), 인체유래물연구자 또는 인체유래물은행장이 인체유래물을 다른 연구자에게 제공하는 경우(제38조 제2항, 제43조 제2항) 인체유래물은행이 잔여 검체를 제공받는 경우에(제42조의3 제3항) 익명화하도록 하고, 익명화하기 전에 연구 대상자(제18조 제1항) 또는 인체유래물 기증자로부터(제38조 제1항) 서면동의를 취득하거나 또는 연구 대상자 또는 피채취자 등 개인정보 주체자에게 서면 고지하도록 하고(제42조의2 제2항) 기관생명윤리위원회(IRB)에 승인(제42조의2 제5항)을 받도록 하고 있다.

「생명윤리법」의 취지와 조문의 해석으로 볼 때 「생명윤리법」의 익명화는 개인정보를 보호하는 수단과 조치이기 때문에, 익명화 조치 자체가 정보 주체의 서면 동의나 IRB라는 절차를 생략하도록 하는 요건이 되지는 못한다. 즉 개인정보를 익명화했다고 해서 IRB 심의가 면제되는 것은 아니고, 제3자 제공이나 잔여 검체를 제공받는 경우 등에서는 익명화가 필수 사항이고 IRB의 승인도 요구된다.

이러한 「개인정보보호법」과 「의료법」, 「생명윤리법」 등 관련 법률들 간의 관계와 충돌 상황에 대해서 개인정보보호위원회와 보건복지부는 보건의료 데이터 활용 가이드라인을 제정해 유권해석을 내리고 있다.

가이드라인에서는 「개인정보보호법」의 가명 처리가 「생명윤리법」 상의 익명화에 포함되는 것으로 해설하면서, 의료기관에서 진료 목적으로 수집된 의료 데이터 등을 「개인정보보호법」의 가명 처리를 통해 연구 목적 등으로 이용하려는 경우에는 연구 대상자 등에 대한 기존의 자료나 문서를 이용하는 연구로 간주하고 기관 차원에서 가명 처리가 확인된 경우 IRB 심의 및 연구 대상자의 서면동의를 면제할 수 있다고 해석하고 있다.

그런데 이러한 유권해석에도 불구하고 「생명윤리법」 조문 체계의 해석상 「생명윤리법」의 익명화는 무조건 IRB 심의나 연구 대상자의 서면 동의를 면제하기 위한 요건이 아니라, 연구 대상자의 개인정보나 인체유래물에 관한 연구에서 IRB의 심의 면제가 되기 위해서는 연구 대상자와 공공에 미치는 위험이 미미한 경우에 IRB가 심의 면제를 판단할 수 있다는 것이다(생명윤리법 제15

조 제2항, 동법 시행규칙 제13조). 따라서 법률 간의 정합성의 해결을 위해 「생명윤리법」의 익명화 의미와 보건의료 데이터의 합법적 사용 방안에 대해 조문 상으로도 명확히 할 필요가 있다.

「생명윤리법」의 익명화 조항과 IRB심의 등의 관련 조항들이 「개인정보보호법」의 가명 처리 조항에 부합하도록 개정될 필요가 있다.

의료 데이터와 보안

데이터에 대해 또 하나 고려되어야 하는 점이 보안 문제다. 의료 데이터 보안은 환자의 건강, 진단, 치료 등 매우 민감한 의료 정보를 무단으로 접근, 사용, 유출로부터 법적 · 윤리적 보호가 필수적이다. 개인정보보호법 준수, 철저한 시스템 관리, 보안 취약점 점검 및 대응을 통하여 의료 데이터에 대한 보안이 이루어져야 할 것이다.

클라우드 활용, 환자 안전과 직결된 의료 기기 등 새로운 보안 위협에 대응해야 할 필요가 있을 것이다. 또한 의료 데이터는 헬스케어 기술의 발전과 함께 사이버 공격, 랜섬웨어, 소프트웨어 공급망 공격 등 새로운 보안 위협 노출이 증가하고 있다는 점에서, 데이터의 보안을 강화하고 체계적으로 관리하도록 블록체인 기술 이용

등 사이버 안보 대책이 필요하다.

사물인터넷을 이용해 AI 의료 장비에 실시간으로 수집되는 경우에는 해킹, 오작동 등의 사이버 사고 발생을 미연에 방지하기 위해 네트워크와 정보 시스템의 보안 기준을 강화하는 사이버 안보 조치가 필수다.

의료 데이터 소유권과 마이데이터 사업

환자 자신이 모든 의료 데이터의 소유권을 보유해 환자 자신이 데이터에 접근하고 활용 여부를 결정할 수 있는 마이데이터(My data) 접근법도 고려되어야 한다.

예컨대 병원에서 엑스레이를 찍고 혈액 검사를 하면 그 결과인 데이터는 병원에 보관된다. 검사 항목, 진단과 처방 기록은 건강보험공단으로 전달되지만, 현재 제도상으로는 정작 데이터의 당사자는 본인의 의료 데이터를 요구할 방법이 없다. 이제까지는 의무 기록으로 요청해서 받을 수 있는 CD 이외에, 환자가 본인의 의료·건강 관련 데이터를 체계적인 디지털 형태로 확보하기 곤란한 것이다.

그러나 이 데이터를 모두 개인에게 귀속시키자는 주장이 마이데이터(MyData) 개념이다. 이제까지 공법적으로는 개인정보 자기결정권을 비롯해 데이터의 인격권적인 성격을 인정했다면, 마이데이터는 데이터의 소유권을 적극 인정하고 활용할 수 있도록 하자는 개념이다. 개인정보 자기결정권에서 인정되는 정보 주체 본인의 데이터에 대한 열람, 정정, 수정요구에 더해 본인 데이터를 디지털화된 기계 판독이 가능한 형식으로 수령할 수 있는 권리와 다른 개인정보 처리자에게 본인의 개인정보 이전을 요구할 수 있는 등 데이터의 소유권적 권리성을 인정하는 것이다.

개인은 일상에서 엄청난 양의 생체 데이터와 건강 상태 관련 데이터를 만드는데, 이 생체 데이터 및 의료 기록 데이터를 필요로 하는 기업이나 기관에 넘겨주고, 그 기업이나 기관에서 개발한 운동, 건강 모니터링, 의료 추천 앱 등 의료와 건강 관련 서비스를 제공 받을 수 있다.

이 경우 개인이 자발적으로 개인정보 제공에 동의한 것이므로 개인정보나 프라이버시 침해 문제에서 자유로워지고, 소비자는 대가를 받고, 기업이나 기관은 데이터를 합법적으로 확보할 수 있다. 감염병 발병의 진단과 예측 시스템을 구축하는 경우와 같이 빅데이터가 필요한 분야에 개인들이 자발적으로 데이터를 제공하면, 개개인이 공중보건 시스템에 협력자로 공중보건 수준 향상에 기여한다는 의미도 가질 수 있다.

우리나라는 전 국민을 대상으로 국민건강보험제도와 건강검진 서비스 제도를 운영하고, 대학 병원 중심으로 전자 의무 기록 시스템(EMR, Electronic Medical Record)이 운영되고 있다. 병 · 의원 이용 내역, 건강검진의 결과, 건강검진 가입자의 암 등록 등 질병 정보, 의료급여 등 의료 정보 데이터가 풍부하게 확보된다는 점이 데이터를 이용한 의료 시스템 구축에 유리한 점으로 꼽힌다.

국민건강보험공단, 건강보험심사평가원, 보건복지부 등을 비롯한 의료기관들 간의 데이터가 표준화되어 있지 않고, 기관 상호간 데이터의 교류가 미미해 데이터를 통합적으로 관리, 활용하는데 걸림돌이라고 지적되던 중 2016년부터 기관들의 협력으로 건강보험 빅데이터 활용 협의체가 발족되었다.

희귀 질환자의 의료 정보 수집을 시작으로 국민의 유전정보를 수집해 빅데이터를 구축하는 국가 바이오 빅데이터 구축 시범사업도 진행하고 있어, 향후 AI 기술을 적용한 환자 맞춤형 질병 예측과 치료 방식으로 발전할 기반이 형성되고 있다고 하겠다.

참고문헌

백경희(2024). "의료영역에서의 인공지능기술의 활용에 관한 법제적

고찰: 원격 의료 및 재택의료 활성화를 중심으로”. 《법학논문집》, 48(1), 89~114쪽.
유주선(2022). “인공지능 알고리즘을 통한 보건의료 데이터 활용 관련 법제도적 개선방안: 보험상품의 개발 측면에서”. 《금융법연구》, 19(2), 39~68쪽.
유주선(2023). “2023년 개정 개인정보보호법과 마이데이터 활용 방안-보험업을 중심으로-”. 《금융법연구》, 20(2), 55~76쪽.

09
의료 데이터 활용과 한계

의료 데이터를 활용하기 위해서는 보건의료와 보건의료 정보에 대한 개념을 파악할 필요가 있다. 「보건의료기본법」은 국민에게 양질의 보건의료를 제공해 삶의 질을 향상시키고 보건의료 분야의 균형 있는 발전과 국가 경쟁력을 향상시키는 데 제정 목적을 두고 있다. 보건의료 데이터의 잠재 가치는 매우 높으며, 이 데이터를 기반으로 하여 신약, 의료 기기, 건강관리 서비스 개발 가능성을 고려할 필요가 있다.

AI와 기자?

보건의료와 보건의료 정보

「보건의료기본법」에 따르면 보건의료는 "국민의 건강을 보호하고 증진하기 위해 국가·지방자치단체·의료기관 또는 의료인 등이 행하는 모든 활동"으로 규정하고(제3조 제1호), 이러한 "보건의료와 관련한 지식 또는 부호·숫자·문자·음성·음향·영상 등으로 표현된 모든 종류의 자료"가 바로 보건의료 정보다(제3조 제5호).

건강보험 등 공공데이터와 병원, 임상 빅데이터 등 보건의료 데이터는 국민의 건강을 보호하고 건강을 증진하는 행위로 인해 축적되고, 대용량과 초고속 및 다양성으로 더 나은 의사 결정, 시사점 발견 및 프로세스 최적화에 활용할 수 있는 정보다.

현재의 질병 발생 후 치료하는 사후적 방식과 병원을 중심으로 한 보건의료 서비스, 미리 대처하는 예방의 사전적 방식과 의료기관 방문 방식 대신에, 일상에서 건강을 관리하는 서비스로의 이행이 추진되고 있다.

보건의료 데이터는 AI와 사물인터넷(IoT) 등 4차 산업 혁명기술을 함께 융합해 미래 의료체계를 변모하게 하고, 보건 산업의 혁신적 성장으로 패러다임의 전환을 가속화하고 있다.

의료 데이터의 활용 가능성

병원이나 건강보험공단에서 보유한 잠재 가치 높은 방대한 데이터와, AI와 네트워크 등의 뛰어난 ICT 역량은 의료 데이터의 빅뱅시대를 선도할 가능성이 높다.

우리나라의 보건의료 데이터는 공공기관인 건강보험심사평가원(이하 심평원)과 국민건강보험공단(이하 공단)이 국민건강보험제도를 통한 인체자원, 예방접종, 감염병, 암 발생정보 등 방대한 행정자료를 보유하고 있다. 또한 개인의 보험료, 진료내역, 노인 · 영유아 코호트DB 등 일부 정보를 개방해 공익적 목적의 연구에 활용하고 있다. 의료기관 역시 다양한 의료 데이터를 보유하고 있는데, 이러한 의료 데이터는 환자 진료와 치료 외에 일부 디지털 헬스케어, 제약 기업 등에서 제품 및 서비스 개발에 제한적으로 활용하고 있다.

이러한 보건의료 데이터의 잠재가치는 매우 높으며, 우수 인력과 의료 기술을 바탕으로 데이터 기반의 질병이 진단되고 예측된다. 더 나아가 의료 AI 및 신약 · 의료기기, 개인별 맞춤 의료 · 건강관리 서비스 개발 또한 가능하게 된다. 이러한 보건의료 데이터 및 AI와 관련된 시장은 지속적인 성장이 예상된다.

심평원의 빅데이터 활용 승인 여부

2021년 7월 8일, 6개 보험사가 '심평원'으로부터 공공의료 데이터 이용을 위한 최종 승인을 획득했다. 그동안 보험사는 보건의료 데이터를 활용할 수 없어 모델 개발 시 호주 등 해외 자료를 이용했다. 이로 인해 우리 소비자에게 맞는 건강보장 모델 개발에 한계가 있었다.

하지만 국가생명윤리정책원의 IRB 심사를 거쳐, 「공공데이터법」 및 「개인정보보호법」 등에 따라 연구, 모델 개발 등을 위해, 일부 보험회사는 공공데이터 이용을 신청해 승인을 받았다. 물론 이들이 심평원의 데이터를 직접 제공받는 것은 아니며, 사전 허가 받은 연구자가 심평원의 폐쇄망에 접속해 데이터를 분석한 후 그 결과 값만을 통계 형태로 반출하는 등 엄격한 관리를 거치게 된다. 데이터는 특정 개인을 알아볼 수 없도록 가명 처리한 정보로, 연구 등을 목적으로 이용하는 것은 가능하다. 특정 개인 재식별이 불가하며, 재식별 시도 시 형사상 처벌과 과징금이 부과된다.

심평원의 승인으로 고령자 · 유병력자 등을 위한 담보범위는 보다 확대될 것으로 예상된다. 담보되지 않았거나 담보가 돼도 보험료가 높은 질환의 경우, 보다 더 정교하게 위험이 분석되고 담보범위가 확대됨에 따라 보험료 인하가 이루어질 것이다. 당뇨합병증 보장상품이 개발될 것이고 고령자 대상의 치매 장기요양 관련 상품 개발도 이어질 것이며, 뇌혈관질환 환자 관련 연구와 분석과 함께 새로운 보험 상품도 기대된다.

공단의 의료 데이터 활용 가능성

심평원과 달리, '공단'은 2021년 9월 14일 민간보험사의 건강보험자료 제공 요청에 미승인을 통보했다. 심의위원들은 '국민건강정보 자료 제공에 관한 규정'을 근거로 연구계획서를 검토했지만, '연구계획서의 과학적 연구 기준에 대한 부합 여지', '자료제공 최소화의 원칙의 적합성 여부', '정보 주체의 이익 침해가능성' 등에 문제점을 제기했다.

첫 번째 사항과 관련하여, 심의위원회는 민간보험사가 제시한 연구계획서는 선행연구 검토나 연구가설이 제시되지 않았고, 단순 발생률이나 유병률 산출만을 기술하고 있다는 점에서, 과학적 절차에 따르지 않는 연구결과의 자의적인 면을 지적했다.

두 번째 사항은, 익명 정보로 해결할 수 있는 연구에 가명 정보를 제공하는 것이 타당한가에 대한 의문을 제기하며, 계층별 단순 질병발생률 및 유병률 정도의 연구

설계는 연구용 DB보다 익명화된 집계표 형태로 충분한 것으로 판단한다.

특히, 관심을 끄는 대목은 마지막 부분인 정보 주체의 이익 침해가능성에 대한 사항이다. 심의위원회는 우선 민간보험사가 자료를 요청한 사안은 계층별 위험률 산출을 통한 보험 상품 개발에 있다는 점을 인정했다.

하지만 보험사가 자체적으로 산출한 값을 객관적인 검증 절차 없이 국민건강과 직결되는 상품개발에 곧바로 사용할 수 있다는 점에 우려를 표시했다. 이는 연구결과를 자의적으로 해석할 가능성이 있다는 것이다.

의료 데이터 활용의 장단점

빅데이터 분석의 가장 큰 혜택은 무엇보다도 개별 정보에서 알 수 없는 새로운 지식을 얻을 수 있다는 점이다. 따라서 공공과 민간 영역의 보건의료 관련 행정데이터와 임상데이터, 인간 유전체 및 단백질 연구데이터 등을 하나로 연결해 빅데이터 분석이 이루어지면, 우리는 그동안 알지 못했던 새로운 지식을 얻을 수 있을 뿐만 아니라 개인별 맞춤을 위한 치료 또한 가능하게 될 것이다.

예를 들면, 항우울증 치료제라든가 콜레스테롤 수치를 낮추기 위한 치료제 연구 및 당뇨병 치료 연구의 가능성을 높게 부여한다.

앞에서 살펴본 바와 같이 보건의료 데이터는 심평원과 공단 등 보건의료공공기관이 보유하고 있다. 양 기관에 분산되어 저장되어 있는 보건의료 데이터를 서로 연계시켜 분석할 필요가 있다. 기관별 데이터나 개별 데이터의 연계와 분석은 각각의 데이터에서 발견할 수 없는 새로운 결과물을 도출할 수 있다.

좋은 예는 공단과 관련된 건강검진 시 발생된 의심 증세와 심평원 소관의 기존 진료내역 간 상관관계를 통해, 암센터의 암 등록 자료의 암 종류 및 예후까지 연관 분석을 할 수 있다. 또한 치료법·약제 간 효과 비교, 제네릭 약제의 동등성 분석, 감염병 유행 조기탐지 등 보건의료 전 분야에서 국민의 건강 증진을 도모할 수 있을 것이다. 하지만 보건의료 빅데이터의 분석과 활용은 부작용을 동반하고 있다.

무엇보다도 논쟁이 될 수 있는 사항은 개인정보, 특히 민감 정보를 처리해야 한다는 점이다.

또한 보건의료 정보 자체가 가치판단 정보를 포함하고 있기 때문에, 개인정보 주체의 프라이버시 침해 가능성 또한 대두된다.

참고문헌

양기진(2025). “마이데이터 활성화를 위한 개인정보 법제 개선방안”. 《법학논고》, 90, 201~232쪽.

유주선(2023). “2023년 개정 개인정보보호법과 마이데이터 활용 방안: 보험업을 중심으로”. 《금융법연구》, 20(2), 55~76쪽.

유주선(2023.4.15). “개인정보의 보호와 그 활용 방안”. 이투데이. https://www.etoday.co.kr/news/view/2240680

유주선(2024.9.20). “보건의료 데이터 활용, 무엇이 문제인가”. 머니투데이. https://news.mt.co.kr/mtview.php?no=2024091814075948738

전한덕(2022). “보건의료 데이터의 활용과 정보보호에 관한 연구”. 《보험학회지》, 131, 57~102쪽.

10
AI 알고리즘 부작용과 윤리

AI 소프트웨어가 추천한 치료법과 의료진이 판단한 치료법 간의 선택이 결과적으로 환자에게 악결과를 가져올 가능성이 있다. 무엇보다 중요한 것은 의료용 소프트웨어의 자체의 결함으로 인한 피해 사례다. 의료용 소프트웨어는 정확도가 담보되지 않을 경우 환자에게 위해를 발생시킬 우려가 있다. AI 알고리즘은 차별 가능성, 편향 지향적, 결과 도출의 불투명성 등을 포함한 기술적 오류의 한계가 발생할 수 있는바 이에 대한 합당한 해소 방안이 강구되어야 할 것이다.

AI와 미래 의사?

데이터 입력 과정에서 발생하는 부작용

의료용 소프트웨어는 정확도가 담보되지 않을 경우 환자에게 위해를 줄 우려가 있다. 예를 들어 부정확하고 부적정한 데이터를 입력·학습하거나, 알고리즘의 오류로 질병 유무에 대한 가능성을 잘못 예측하고, 이상 부위를 잘못 검출·표시하는 경우에 진단·치료 결과에 직접 영향을 미친다. 이러한 경우 환자는 필요한 처치를 받지 못하거나, 불필요한 검사, 수술, 약물 처방을 받은 피해에 손해배상을 주장할 수 있다.

목표 변수를 정하는 과정에서도 부작용이 나타날 수 있다. 이러한 예는 구직자를 평가하는 과정에서 등장할 수 있는데, 구직자들이 직장에서 얻은 연간 업무평가점수 대신에 이들의 재직기간을 데이터로 사용해 비교하는 경우를 생각할 수 있다. 만약 여성이 출산과 육아로 경력이 단절되는 경우에는 재직기간의 데이터 입력 시 여성에게 불이익을 초래하는 결과가 도출될 수 있을 것이다.

알고리즘의 차별 가능성

AI는 데이터를 추론함에 있어서 입력된 데이터에 의존한다. 하지만 이러한 방식 때문에 인간을 차별하는 부작용 가능성이 있다. 테이(Tay)와 이루다(Lee Luda)의 사례가 그렇다. MS의 테이는 2016년 3월 출시 16시간 만에 운영이 중단되었다.

백인우월주의 및 여성과 무슬림 혐오 성향의 익명 사이트가 테이에게 비속어, 인종, 성차별 등의 발언을 학습시킨 부작용이 발생한 것이다. 의성어나 신조어를 자연스럽게 사용하는 이루다 역시 많은 문제를 야기했는데, 이루다 채널이용자들이 이루다와 성적 용어를 공유하고, 이루다 역시 이러한 성적 용어들을 받아주는 식이 되었다. 이들은 모두 사용자들이 차별적인 발언을 하도록 가르친 것이다.

AI '뷰티'나 아마존의 '채용 AI' 역시 과거 사람들이 입력한 차별적인 정보를 습득하고 학습한 결과가 차별적인 인식으로 나타날 수 있다. AI 뷰티의 경우 피부 상태 진단, 시술 추천 등 맞춤형 서비스를 제공하지만, 데이터 편향이나 알고리즘 설계의 한계로 여성이나 시니어 등에게 불리하게 작용할 수 있다. 채용 AI의 경우 서류전형이나 이력서 검토, 면접 등에서 객관성이나 공정성을 높일 수는 있지만, 예전 데이터의 편견이나 차별적인 내용이 반영되는 경우라면, 그 결과로 차별적 인식이 발생할 가능성이 있다. AI가 인간과는 달리 차별성 배제 결과를 내릴 것이라는 추측은 타당성이 떨어진다.

주거지 정보는 금융회사에서 수집하기 좋은 정보에 해당한다. 이 주거지를 기준으로 대출을 결정하면, 미국의 경우 흑인들이 주로 거주하는 빈곤층 지역에는 금융 서비스를 제한할 수 있다. 이는 데이터에 따른 인종차별의 결과를 초래하게 될 것이다.

결과 도출의 불투명성 야기 가능성

알고리즘에 관한 또 다른 우려는 불투명성이다. 불투명하다는 말은 AI 알고리즘에 대해 명확하게 알 수 없다는 것을 의미한다. 즉 입력의 대상은 누구이고, 얻어진 결과에 대한 도출 경로를 알 수 없다는 것이다. AI 알고리즘이 불투명한 이유는 AI 알고리즘 프로그램 코드의 가독성이다. 프로그램 작성 구현은 전문가의 몫이며 일반인의 접근이 어려운 영역이다.

AI 알고리즘의 불투명성은 기업 비밀이나 국가기밀과 관련해서도 발생한다. AI 알고리즘을 소유한 기업은 그들의 영업비밀이나 기술적 우위 유지를 위해 알고리즘을 공개하지 않는 속성이 있다. 이러한 미공개 또한 AI 알고리즘의 불투명성이라는 결과를 양산하게 된다.

의료 서비스의 비인간화

AI의 중재로 의료 서비스가 비인간화 현상으로 나타날 가능성이 있다. 의료 서비스의 비인간화는 기술의 발달과 의료 전문화로 인하여 환자에 대한 의료진의 돌봄이 소홀히 되는 현상을 의미한다.

비인간화의 주요 원인으로는 의료진이 기계적·기술적 진단과 치료에 집중함에 따라 환자와의 정서적 소통이 약화되기도 하고, 의료진의 역할이 세분화됨에 따라 환자 개개인에 대한 전체적 파악과 개별적 관심이 소홀해지기도 하며, 의료 서비스가 경제적 가치에 따라 차등적으로 환자에게 제공됨에 따라 발생할 수도 있다.

결국 AI 의료 행위는 의사와 환자 간의 직접적인 대화와 상호작용이 줄어들면서, 환자의 심리적 안정감이나 만족도가 저하될 수 있다. 효율성과 정량적인 결과에 초점을 맞출 수 있는 AI 의료 행위는 다양한 장점이 제공되지만, 환자의 정서적·심리적 요구를 충족시키는 것과 같은 의료의 질적 측면에서 간과될 가능성이 대두되는 바, 이에 대한 의료진의 세심한 배려가 요구된다.

신뢰도 측정 오류 가능성

AI에 의해 제기된 많은 윤리 및 법적 문제는 빅데이터 사용이나 딥러닝에 의해 제기된 문제와 상당부분 중복되고 있다. 2017년 구글의 딥마인드(Deep Mind)와 영국 런던의 로열프리병원(Royal Free Hospital) 간의 협력으로 상업용 회사가 환자 데이터에 액세스할 수 있다는 공개 토론이 시작되었다. 토론에 참여한 사람들은 기술이 대중의 이익을 위해 개발되고 있다는 것을 신뢰할 수 없다고 느끼면, AI 시스템 운영에 대해서 반발할 수 있다고 경고했다.

AI 의료와 건강 불평등성

건강 불평등은 사회 · 경제 · 제도 · 정치적인 구조와 자원분배가 불평등함으로써 발생하는 건강 격차로, 불필요하고 피할 수 있는, 불공정하고 부당한 건강 수준의 차이라고 정의된다.

의료 빅데이터에 의한 AI 의료가 발달하면 개인의 생명과 건강에 대한 예측이 정밀화될 수 있다. 이 경우 생명 결정론이 우리를 지배할 가능성이 대두되고 이러한 생명 결정론은 각 개인을 평가하고 그 평가를 토대로 하여 차별화뿐만 아니라 서열화의 결과를 초래할 수 있다. AI 의료 기술이 한정되고 값비싼 의료를 누릴 수 있는 가진 한정된 사람만이 향유한다면 우리 사회의 건강 불평

등을 심화시킬 수 있게 된다.

우리 헌법은 모든 국민의 평등과 보건에 관한 권리를 인정하고 있다. 이에 따라 국가는 국민에게 보건의료 체계와 공중 보건 시설에 대한 접근성을 형평성 있게 보장하고 보편적인 건강을 누릴 수 있는 기반을 마련해 주어야 한다.

AI 의료 행위의 혜택을 받고자 하나 지급 능력이 없는 취약층에게 그러한 의료 행위가 무용지물로 여겨질 수 있다. 의료 행위의 양극화 현상을 초래할 가능성이 발생한다. 경제적 사회적 지위를 가진 자들에게만 AI 의료 행위의 혜택이 편중되지 않고 의료 서비스 취약층에게 동등하게 보급될 수 있는 방안이 마련되어야 할 것이다.

의료 리터러시 부족

교육 수준이나 사회적 지위, 기술의 친숙도 등의 격차로 새로운 의료 기술을 따라가지 못하는 AI 의료 리터러시(literacy) 부족 문제도 간과할 수 없다. 치료에 필수적인 기술을 사용하지 못하는 인공지능 취약 계층이 발생할 수 있다. 기술 개발과 기술의 활용 서비스 구현에서 첨단 기술에 친숙하지 않은 이러한 취약 계층의 건강 불평등을 해소하기 위한 방안 마련 역시 필수적이다.

의료 리터러시(Health Literacy)를 향상하기 위한 방안으로는 의료 정보의 접근성 강화, 디지털 역량 교육, 환자 주권 확대, 그리고 신뢰 기반 인프라 구축이 필수적이라 하겠다. 디지털 헬스케어 확산과 함께 고령층 등 정보 취약계층을 위한 맞춤형 교육 프로그램을 마련해야 할 것이고, 의료 정보 주권을 보장하기 위해, 환자가 자신의 의료 정보를 적극적으로 관리하고 활용할 수 있도록 지원하는 정책과 시스템이 요구되며, 개인정보 보호와 데이터 표준화를 통해 의료 정보의 안전성과 투명성을 확보하기 위한 법적 · 기술적 인프라 구축이 필수적이라 하겠다.

기술적, 사회적 문제 극복을 위한 윤리적, 법적 대안 마련

AI 의료 행위는 소프트웨어라고 하는 시스템을 통하여 이루어지기 때문에 오류, 버그 등 예상치 못한 기술적 오류 결과를 초래할 수 있으며, 이는 잘못된 진단이나 치료 권장으로 이어질 수 있다.

또한 AI 의료 행위는 의료진과 환자라는 인간과 인간의 관계에서 벗어나 기계와 인간의 관계로 인하여 의료 서비스의 비인간화, 건강 불평등성, 의료 리터러시 불평

등 등 사회적 문제를 야기할 수 있다.

이러한 부정적인 측면들을 극복하고 관리할 수 있도록 AI 의료 행위에 대한 윤리적 측면과 법률적 측면에서 합리적인 방안이 제공되어야 할 것이다.

참고문헌

엄주희 · 김소윤(2020). “인공지능 의료와 법제”. 《한국의료법학회지》, 28(2), 53~77쪽.

유주선(2022). “인공지능 알고리즘을 통한 보건의료 데이터 활용 관련 법제도적 개선방안: 보험상품의 개발 측면에서”. 《금융법연구》, 19(2), 39~68쪽.

최은창(2016). “인공지능 시대의 법적·윤리적 쟁점”. 《미래연구 포커스》, 봄호.

유주선

강남대학교 법행정세무학부 교수다. 고려대학교 법과대학을 졸업하고 독일 마르부르크대학교에서 법학 석·박사 학위를, 강남대학교 교수로 재직 중 숭실대학교에서 철학 박사 학위를 받았다. 대통령 직속 의료특별위원회 소속 필수공정보상전문위원회 위원과 실손보험 소위원회 위원으로 활동했다. 상법, 회사법, 보험법, 디지털금융법, 인공지능법 등 다양한 법학 영역에서 학문적 관심을 가지고 연구하고 있다.

사)한국보험학회장을 역임했으며, 현재 사)한국경영법률학회 회장과 사)디지털금융법포럼 수석부회장 직책을 포함한 다양한 학회의 임원직을 수행하고 있다. 국토교통부 공제분쟁조정위원회 소위원장, 금융감독원 금융분쟁조정위원회 전문위원, 손해보험협회 규제심의위원회 위원장을 맡고 있다.

주요 저서로 《보험법 제2판》(2025), 《상법요해 제10판》(공저, 2025), 《법학의 철학적 탐구》(2022), 《핀테크와 법 제3판》(공저, 2020), 《인간과 인공지능》(공저, 2018) 등이 있고, 주요 논문으로 "주주평등의 원칙과 그 예외: 실정법과 최근 판례를 중심으로"(2025) 등이 있다. 한국연구재단 등재후보지 및 등재지에 150편 이상의 논문을 게재했다.